예수님을 바라보는 삶

예수님을 바라보는 삶

글쓴이 | 박신일

일러스트 | 오기원

초판 발행 | 2021년 6월 29일

등록번호 | 제 2007-000009호

등록된 곳 | 서울특별시 용산구 서빙고로65길 38 두란노빌딩

발행처 | 사단법인 두란노서원

영업부 | 2078-3352   FAX | 080-749-3705

출판부 | 2078-3331

책 값은 뒤표지에 있습니다.

ISBN 978-89-531-4025-7 04230

        978-89-531-4037-0 04230(세트)

독자의 의견을 기다립니다.

tpress@duranno.com   http://www.Duranno.com

현대 그리스도인을 위한
일곱 가지 메시지

예수님을
바라보는
삶 ———

박신일 지음

The First Love
Loyalty
Truth
Integrity
Vitality
Evangelism
Lordship

두란노

목차

요한계시록은 이 세상을 벗어나는 휴거가 아니라
이 세상에서 신실한 제자로 살아가야 할 제자도를 이야기한다.[1]

그리스도인의 신앙은 매일 세상 한가운데를 통과하며 검증을 받고 있습니다. 세상은 "네 믿음이 진짜냐?"라고 묻습니다. 세상은 우리의 믿음이 진짜인지 가짜인지를 밝히라고 요구하는데, 시시한 믿음은 이 세상의 먹잇감이 될 뿐입니다. 영적 공격과 수많은 유혹 가운데서 그리스도인은 어떻게 해야 매일 이 세상을 믿음으로 걸어갈 수 있을까요? 사도 요한이 계시록을 쓸 당시 그리스도인은 목숨을 걸고 믿음의 길을 걸어가야 했습니다. 그러나 죽음을 각오하고 믿어야 했던 이들에게 무조건 인내하라는 것이 온전한 소망을 줄 수 있었을까요?

그리스도의 언약에 기초한 풍성한 구속의 삶, 고난과 핍박을 이기도록 눈을 뜨게 해줄 비전은 과연 이 세상에 없을까요? 변함없으면서도 날마다 새로운 하나님의 사랑, 우리를 켜켜이 둘러싸고 있는 그 사랑과 측량할 수 없는 놀라운 은혜, 위험 가운데서도 깊은 평안을 누리게 해줄 귀가 번쩍 뜨이는 나팔 소리는

그 어디에도 없을까요? 수많은 성도가 바로 요한계시록을 통해 그것을 경험했습니다.[2]

고난의 한가운데 울려 퍼진 하나님의 나팔 소리, 위협 가운데 펼쳐 보여 주신 하늘나라의 예배의 환상은 잠자던 성도들을 흔들어 깨웠고 믿음을 지키던 성도들을 더욱 신실한 사람으로 무장시켰습니다. 요한계시록의 처음 세 장은 일곱 교회에 주신 메시지로, 고난과 핍박 가운데서 신앙을 지켜야 했던 성도들에게 주신 주님의 응답이었습니다. 그러나 메시지는 거기에 머물러 있지 않습니다. '7(일곱)'은 완전을 상징하는 숫자입니다. 이 일곱 교회는 이 땅에 있던 교회들, 지금 존재하고 있고 앞으로 나타날 모든 교회를 의미하며, 요한계시록은 모든 시대의 모든 교회에 주시는 하나님의 폭포수와 같은 말씀입니다.

우리는 유혹과 타협의 시대에 서 있습니다. 일곱 교회에 주신 메시지는 지금 우리를 깨우시는 하나님의 음성입니다. 이 성경 공부를 통해 우리의 영혼이 깨어나 신실한 그리스도인으로 살아가게 되는 은혜가 있기를 기원합니다.

2021년 6월
박신일

《예수님을 바라보는 삶》은 요한계시록에 기록된 소아시아의 일곱 교회에 주신 메시지를 통해서 우리의 현재 신앙의 모습을 돌아보며, 다시 한번 승리하는 그리스도인의 삶을 살기 위해 붙들어야 할 믿음의 일곱 가지 특징에 대해 이야기합니다.

《예수님을 바라보는 삶》은 크게 예수님의 일곱 가지 모습, 일곱 교회의 모습, 일곱 교회의 특징, 일곱 교회를 향한(우리를 향한) 메시지라는 네 가지 내용으로 구성되어 있습니다. 예수님의 일곱 가지 모습은 하나님이 누구이신지를 더 깨닫게 함으로써 우리의 믿음을 돌아보게 합니다. 일곱 교회의 모습을 통해서는 우리가 기도해야 할 일곱 가지 기도 제목을 알 수 있습니다. 일곱 교회의 특징을 살펴보면, 우리 자신의 장점과 약점을 볼 수 있게 됩니다. 그리고 일곱 교회를 향한 메시지를 통해 우리는 이 시대에 붙들어야 할 일곱 가지의 말씀을 선물로 받습니다.

이 일곱 가지의 말씀은 처음 사랑(The First Love), 충성(Loyalty), 진리의 말씀(Truth - the Word), 온전함(Integrity), 생명력(Vitality - the Spirit), 복음 전파(Evangelism), 주권(Lordship)이라는 일곱 가지 믿음의 영역

에 초점을 두고 있습니다. 이 일곱 가지 믿음의 영역은 현대 사회에서 점점 자취를 감추고 있는데, 하나님의 말씀은 이 일곱 가지가 마지막 때에 가장 중요한 믿음의 모습이라고 강조합니다.

우리를 향한 이 일곱 가지 메시지는 우리 삶의 한가운데 계시고 교회의 한가운데 계신, 살아계신 주님의 강력한 말씀입니다 (참고, 계 1:13). 죽음을 이기고 부활하셔서 영광 중에서 우리를 통치하시는 예수님은 지금 우리 가운데 계시며, 우리의 모든 것을 아십니다.[3] 그리고 우리에게 이렇게 말씀하십니다.

귀 있는 자는 성령이 교회들에게 하시는 말씀을 들을지어다(계 2:7a)

— 일곱 가지 메시지

일곱 교회	예수님의 모습	메시지
에베소 교회 (계 2:1)	일곱 별을 붙잡고 일곱 금 촛대 사이를 거니시는 이	처음 사랑 (The First Love)
서머나 교회 (계 2:8)	처음이며 마지막이요 죽었다가 살아나신 이	충성 (Loyalty)
버가모 교회 (계 2:12)	좌우에 날선 검을 가지신 이	진리의 말씀 (Truth)
두아디라 교회 (계 2:18)	그 눈이 불꽃 같고 그 발이 빛난 주석과 같은 이	온전함 (Integrity)
사데 교회 (계 3:1)	하나님의 일곱 영과 일곱 별을 가지신 이	생명력 (Vitality)
빌라델비아 교회 (계 3:7)	다윗의 열쇠를 가지신 이 곧 열면 닫을 사람이 없고 닫으면 열 사람이 없는 이	복음 전파 (Evangelism)
라오디게아 교회 (계 3:14)	아멘이시요 충성되고 참된 증인이시요 하나님의 창조의 근본이신 이	주권 (Lordship)

일곱 교회	이기는 자에게 주시는 약속	승리
에베소 교회 (계 2:7)	하나님의 낙원에 있는 생명나무의 열매를 주심	사랑함으로 승리 (The First Love)
서머나 교회 (계 2:11)	둘째 사망의 해를 받지 않음	충성함으로 승리 (Loyalty)
버가모 교회 (계 2:17)	감추었던 만나와 흰 돌 그 돌 위에 새 이름을 주심	말씀으로 승리 (Truth)
두아디라 교회 (계 2:26-28)	만국을 다스리는 권세 새벽 별을 주심	온전함으로 승리 (Integrity)
사데 교회 (계 3:5)	흰 옷을 입을 것 그 이름을 생명책에서 지우지 않음	생명력으로 승리 (Vitality)
빌라델비아 교회 (계 3:12)	하나님 성전에 기둥이 됨 다시 나가지 아니함	복음 전파로 승리 (Evangelism)
라오디게아 교회 (계 3:21)	주님의 보좌에 함께 앉게 하심	주권을 드림으로 승리 (Lordship)

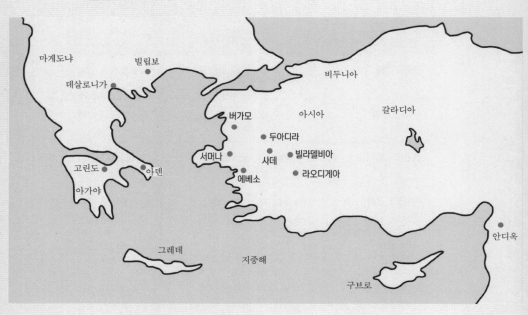

제1장

에베소 교회: 사랑 위에 세워지는 교회

"사랑이 없으면 내가 아무것도 아니요(I am nothing)"(고전 13:2)라는 고백은 바울이 예수님을 만나기 전후, 자신의 삶을 통과한 고백입니다. 신앙은 지식을 축적하는 것이 아니라 하나님과의 관계가 깊어져 가는 것입니다. 신혼부부의 사랑도 멋지지만 50년을 함께 살며 인생의 골짜기를 걸어온 노부부에게는 말로 다 표현할 수 없는 사랑의 깊이가 있습니다. 하나님과 우리 사이에 이런 사랑의 깊이가 있기를 기대합니다.

The First Love

Loyalty

Truth

Integrity

Vitality

Evangelism

Lordship

— 예수님은 우리가 처음 주님을 믿을 때 가졌던 그분을 향한 '처음
사랑The First Love'을 늘 간직하기 원하십니다.

신앙생활의 가장 중요한 원동력은 하나님을 향한 사랑입니
다. 사랑이 없으면 우리 삶에 종교적 형식만 남게 됩니다. 그래
서 주님이 우리의 삶 속에서 제일 먼저 보기 원하시는 것이 주님
을 사랑하는 마음입니다. 여러분은 그 마음을 잘 간직하고 있습
니까?

—들어가기

사랑이 무엇이냐고 묻는다면 여러분은 어떻게 대답하고 싶나
요? 사랑을 한번 정의해 보세요. 누군가를 사랑하면 어떤 마음이
드나요? 여러분의 삶 가운데 주님을 사랑하는 증거가 있나요?

—에베소Ephesus

요한계시록이 쓰일 당시 에베소는 로마 제국에서 네 번째
로 큰 도시였고 정치, 경제, 사회적으로 매우 영향력 있는 도시
였습니다.[4] A.D. 96년에 에베소의 인구는 대략 22만 5,000명 정
도로 당시 '세계적인 규모'의 도시였고,[5] 이 도시의 원형극장
(amphitheater)은 2만 4,000명을 수용할 정도였습니다.[6] 종교적으로
에베소는 다산과 풍요의 신인 아데미 신상의 고향으로 알려져
있습니다.[7] 에베소 교회는 사도 바울에 의해 세워지고, 아굴라

16

와 브리스길라 그리고 디모데에 의해 양육되었습니다. 또한 사도 요한이 목회했던 교회로 알려져 있으며, 특별히 예수님의 어머니 마리아를 사도 요한이 돌보았기에 마리아의 본 교회(home church)로도 생각할 수 있는 '대단한' 교회였습니다.[8]

── 예수님은 우리의 모든 상황을 살피시고 우리의 삶을 붙들고 있는 살아계신 주님입니다.

1. 요한계시록 2장 1절을 읽어 보세요. 예수님을 어떤 분으로 묘사하고 있나요?

예수님은 일곱 별(일곱 교회의 사자, 계 1:20)을 붙잡고 일곱 금 촛대(일곱 교회, 계 1:20) 사이를 거니시는 분입니다. 예수님은 교회와 우리 삶의 구석구석을 다 살피시는 총감독입니다.[9] 왜냐하면 모든 교회와 성도는 '하나님의 소유'이기 때문입니다.[10] 주님은 그분의 소유가 된 백성을 절대로 내버려 두시지 않습니다. 교회가 교회다워지고 성도가 성도다워지도록 예수님은 오늘도 우리의 모든 상황을 살피시며, 우리의 모든 삶을 붙드시고, 우리의 삶 한가운데로 걸어 다니십니다.[11]

─ 세상의 가르침을 좇지 않고, 진리의 말씀을 따르는 것이 신앙의
길입니다.

에베소 지역은 수많은 종교의 집산지였고, 황제 숭배의 중심지
였습니다. 또한 다산과 풍요의 신인 아데미 여신을 깊이 숭상했습
니다. 사도행전 19장에서 볼 수 있는 에베소 지역의 폭동 사건은
바울을 통해 예수 믿는 사람이 점점 늘어나면서 아데미 신상을 판
매하는 사람들의 경제적 손실이 발생하자 일어났습니다. 결국 바
울은 이 일로 강제로 에베소를 떠나게 되었습니다. 당시 에베소
지역에는 거짓 가르침을 전하며, 성도의 삶 가운데 부도덕한 것들
을 용납하여 그들을 하나님의 진리에서 벗어나도록 유혹하는 거
짓 교사들이 있었습니다.

2. 사도행전 20장 29-31절을 읽어 보세요. 바울은 에베소 교회의 장
로들에게 무엇을 조심하라고 말하나요?

----

3. 요한일서 4장 1-2절을 읽어 보세요. 요한은 특별히 무엇을 분별해
야 한다고 말하나요?

----

4. 요한계시록 2장 2-3절을 읽어 보세요. 에베소 교회 성도들은 어떤
   신앙생활을 했나요?

　에베소 교회는 하나님과 사람을 부지런히 섬긴 활동적인 교회로, 많은 사역을 감당하고 하나님 나라의 일에 적극적으로 참여했습니다(1. I know your hard work). 또한 에베소 교회 교인들은 심한 박해와 어려움 속에서도 예수님을 부인하지 않았습니다. 말씀을 향한 그들의 충성과 인내는 결코 변하지 않았습니다(2. I know your perseverance). 또한 거짓 교사들을 시험하여 그 거짓을 다 드러낼 정도로 신앙의 정통성을 지키는 일에 최선을 다했습니다(3. I know you cannot tolerate wickedness). 예수님은 에베소 교회를 세 가지로 칭찬하십니다. 이제 이 에베소 교회에 대한 메시지는 여기서 끝맺어도 될 것 같습니다. 그런데 예수님은 에베소 교회가 한 가지 부족한 것이 있다고 하시면서, 그것이 이 모든 칭찬받을 만한 일보다 더 중요하다고 말씀하십니다. 그것은 과연 무엇일까요?

── 예수님이 가장 중요하게 여기시는 것은 바로 '처음 사랑'입니다.

일곱 별을 붙잡고 일곱 교회 사이로 다니시는 주님은 우리 영혼의 상태를 잘 아십니다. 에베소 교인들에게는 칭찬할 행위가 많지만 그 중심에 문제가 있음을 꿰뚫어 보고 계십니다. 에베소 교회는 주님이 가장 귀하게 보시는 것 한 가지만 빼고 모든 것을 갖췄습니다. 그 한 가지는 바로 처음 사랑입니다. 처음 사랑을 잃어버린 에베소 교인들의 마음은 식어 버렸습니다. 사랑이 식어 버린 채로 수고하고 인내하며 거짓 가르침을 분별하며 지냈던 것입니다. 존 스토트는 이 사랑을 잃어버린 교회를 세 가지 모습으로 표현하는데, 첫째는 "사랑의 감격이 식어 버린 교회"이고, 둘째는 "하나님의 사랑에 반응하지 않는 교회"이며, 셋째는 "사랑 없이도 수고하는 교회"입니다.[12]

── "사랑의 감격이 식어 버린 교회"

하나님은 이스라엘과의 관계를 종종 부부관계에 비유하십니다. 호세아서를 보면, 한 아내가 남편의 사랑을 버리고 다른 남자를 쫓아 도망가 버린 상태를 하나님 아닌 다른 것들에 마음을 빼앗긴 상태에 비유하고 있습니다. 사실 이것이 이스라엘 백성의 모습이었습니다. 중요한 것은 그런 와중에도 하나님을 향한 외적인(형식적인) 경건과 예배는 계속되었다는 점입니다. 하지만 주님은 이러한 상태의 이스라엘을 향해 속히 하나님께로 돌아오라고 말씀하십니다.

5. 예레미야 2장 2절을 읽어 보세요. 주님은 무엇을 기억하고 계시나요? 예레미야 2장 5절에 나타난 하나님의 마음은 어떠한가요?

- -

주님은 성도와의 관계를 '사랑의 관계'로 표현하십니다. 그래서 우리가 그 사랑을 버리고 떠날 때, 주님은 우리의 그런 모습을 보며 마음 아파하십니다.

6. 고린도후서 11장 2-3절을 읽어 보세요. 사도 바울은 여기서 무엇을 두려워하나요?

- -

마음이 떠나면 법적으로 부부관계라고 해도 부부로서의 교제의 기쁨과 서로에게 힘이 되어 주는 축복은 누리지 못하게 됩니다. 예수 그리스도에 대한 사랑의 마음이 떠나면 신앙의 진실함과 깨끗함을 상실하게 되고, 형식과 외형과 껍데기만 남게 되며 내면의 기쁨은 사라져 갑니다. 바울은 이것을 제일 두려워했습니다. 우리도 마음이 담기지 않은 예배를 두려워할 줄 알아야 합니다. 만약 형식적인 예배를 드리고 있다면 가던 길을 멈추고 하나님께 엎드려 마음을 회복시켜 달라고 기도해야 할 때입니다.

— "하나님의 사랑에 반응하지 않는 교회"

7. 마태복음 22장 34-40절을 읽어 보세요. 예수님은 어느 계명이 가장 크다고 말씀하시나요?

그리스도인의 삶은 본질적으로 예수님과 사랑의 관계를 누리는 것입니다. 하나님은 우리를 향해 그분을 사랑하는 것이 (수고와 인내와 진리를 수호하는 것보다) 먼저라고 말씀하십니다. 하나님의 사랑에 우리가 반응을 보이지 않을 때 주님은 슬퍼하십니다. 아내가 남편을 향해 보여 주는 사랑의 언어와 행동이 아내가 남편을 사랑한다는 중요한 증거이듯, 주님을 향한 사랑은 우리가 주님의 성도임을 (또한 하나님의 교회라는 것을) 보여 주는 가장 중요한 지표가 됩니다. 남편들은 부부싸움을 할 때보다 아내가 말하지 않을 때 더 무섭다고 합니다. 그것은 침묵이 아니라 거절이기 때문입니다. 신앙은 하나님을 알고 그 사랑의 하나님께 달려가

는 것입니다.

— "사랑 없이도 수고하는 교회"

8. 에베소서 6장 23-24절을 읽어 보세요. 바울은 에베소 교회 성도들
   이 갖추어야 할 것으로 무엇을 말하나요? 그리고 하나님의 은혜가
   누구에게 임하길 기원하나요?

- -

사랑이 없으면 모든 사역은 생명력을 잃게 됩니다. 그래서
사도 바울이 감옥에서 에베소서를 쓰면서 남긴 마지막 말이 바
로 사랑입니다. 하나님은 사랑을 가장 귀하게 여기십니다. 이것
은 다른 것들이 필요 없다는 뜻이 아니라 이 사랑 위에 모든 것
이 세워져야 한다는 뜻입니다. 놀라운 사실은 이러한 사랑 없이
도 수고할 수 있고, 인내할 수 있으며, 거짓 가르침에 대한 분별
력을 가질 수 있다는 것입니다. 주님을 향한 처음 사랑이 없다는
말이 주님 없이 살아간다는 뜻은 아닙니다. 주님만큼 사랑하고
기뻐할 만한 것들이 내 마음속 여기저기에 자리를 잡았다는 뜻
입니다. 이제는 주님이 나의 전부가 아닙니다. 일부일 뿐입니다.
이러한 마음은 갑자기 생기는 것이 아닙니다. 다른 것을 사랑하

고 내 마음을 빼앗길 만큼 기뻐하는 것들이 마음의 중심에 서서히 자리를 잡게 된 것입니다. 이 사실을 깨달을 때 우리는 돌이킬 수 있습니다. 그것은 주님의 은총입니다.

── 예수님은 우리가 처음 주님을 만났을 때 가졌던 그 처음 사랑을 회복하기 원하십니다.

9. 요한계시록 2장 5절을 읽어 보세요. 예수님은 처음 사랑을 잃어버린 에베소 교회에 무엇을 말씀하시나요?

예수님은 에베소 교회 성도들에게 어디서 처음 사랑을 잃어버리게 되었는지 생각해 보라고 하십니다. 그리고 반드시 회개하여 처음 사랑을 다시 찾으라고 하십니다. '처음 사랑'이란 단어로 주님은 우리에게 무엇을 말씀하시려는 걸까요? 여기서 처음 사랑은 단순히 감정적인 느낌만을 이야기하는 것이 아닙니다. 처음 사랑은 내 마음을 누군가에게 다 주고 있는 상태를 의미합니다. 결혼한 지 20-30년 지난 정상적인 부부 가운데 서로를 보고 감정적으로 설레거나 가슴이 뛰는 부부는 없을 것입니다. 그것이 정상입니다. 하지만 사랑이 식은 것은 아닙니다. 오히

려 더 깊어진 것을 알 수 있습니다. 주님이 가르쳐 주시는 처음 사랑은 느낌의 차원에서 하시는 말씀이 아닙니다. 처음 사랑은 상대방을 자신의 전부로 생각하는 마음입니다. 이때 사랑은 더 깊어져 갑니다. 예수님이 처음 사랑을 말씀하신 것은 내 마음에 가장 소중한 분이 누구인지에 대한 질문입니다. 일과 사역은 열심으로 할 수 있습니다. 하지만 눈에 보이는 봉사에는 참여하고 있음에도 정작 내 마음속에서 벌어지고 있는 영적 전쟁에는 관심이 없을 수도 있습니다. 에베소 교회 성도들은 자신들 안에 주님을 향한 마음의 변화가 있음에도 그것이 왜 그런지 깨닫지 못하고 단지 수고하고 인내하며 지냈습니다. 우리도 마찬가지입니다. 예수님께 마음의 전부를 드렸던 것이 언제 사라졌는지 곰곰이 생각해 보아야 합니다.

── 사람은 삶에 지치게 되면 소중한 감정을 잃어버리게 됩니다.

10. 열왕기상 19장 1-8절을 읽어 보세요. 엘리야가 로뎀 나무 아래에서 주님께 구했던 것은 무엇입니까? 엘리야는 왜 그런 기도를 하게 되었을까요?

- -

엘리야는 하나님의 간섭하심을 수없이 체험했습니다. 갈멜산에서 불이 떨어짐으로 큰 승리를 경험한 사람입니다. 그러한 그에게 갑자기 영적 침체가 찾아왔습니다. 엘리야가 그렇게 변하게 된 데는 여러 가지 이유가 있겠지만, 가장 중요한 사실은 엘리야가 기나긴 믿음의 싸움에서 지쳤다는 것입니다. 삶에 지치면 우리 마음의 전부를 드릴 수가 없습니다. 이러한 사람이 회복되는 길은 하나입니다. 먼저는 지쳤다고 말해야 합니다. 감추지 말아야 합니다. 영과 육이 다 지쳤다는 것을 하나님 앞에 인정하고 고백하는 일이 중요합니다. 아무 말도 하지 않고 있는 것은 매우 위험합니다. 엘리야가 잘한 일은 "죽을 만큼 힘들어요"라고 주님 앞에 소리친 것입니다. 우리도 엘리야처럼 부르짖음으로 우리를 만지고 먹이고 일으키시는 주님을 만날 수 있습니다.

── 부정적인 생각으로 자신을 채울 때 주님의 사랑을 신뢰할 수 없게 됩니다.

11. 창세기 3장 1-8절을 읽어 보세요. 아담과 하와가 먹은 열매의 이름은 무엇인가요? 뱀은 하와에게 하나님에 대한 어떠한 생각을 불어넣고 있나요? 이 열매를 먹고 나서 두 사람은 어떤 행동을 하게 되나요?

사탄은 아담과 하와에게 하나님에 대한 거짓과 부정적인 생각을 나누었고, 하와는 그러한 생각을 받아들였습니다. 결국 아담과 하와는 선악과를 먹고 하나님을 피하여 숨었습니다. 두 사람은 사탄의 부정적인 말을 수용함으로 하나님의 사랑을 신뢰하지 못하게 되었고, 그 결과 범죄하여 주님을 피하게 되었으며 영적으로 죽게 되었습니다. 하나님과의 관계가 단절된 곳으로 가버렸습니다. 선악과는 우리의 마음을 하나님의 사랑에서 멀리 떨어지게 하지만 생명나무의 열매, 즉 하나님의 말씀은 우리의 영혼을 살려 줍니다.

현대판 선악과가 있다면 바로 '부정적인 생각'입니다. 특별히 다른 사람을 부정적으로 판단하는(선과 악을 판단하는) 생각입니다. 그리스도인들이 자신의 믿음이 어떠한가를 고민하기보다 남을 비판하고 공격하는 데 전력을 다한다면, 자기 신앙이 죽어 갈 뿐만 아니라 다른 사람도 무너뜨리게 됩니다. 그러면 주님에 대한 사랑을 잃어버리고, 하나님을 점점 피하게 됩니다. 그리스도의 복음은 죽은 자를 살리는 것입니다. 절망의 사람에게 소망의 복음입니다. 복음 위에 서 있어야 선악과를 함부로 먹지 않게 됩니다.

12. 창세기 3장 9-13절을 읽어 보세요. 아담과 하와는 하나님의 말씀을 지키지 못한 것이 누구의 책임이라고 말하나요?

하나님을 떠난 사람들 가운데 두 종류의 사람이 있습니다. 교회를 떠난 사람이 있고, 교회 안에서 하나님을 떠난 사람이 있습니다. 정확히 표현하면 마음이 떠난 것입니다. 사람들 때문에 상처를 받았는데 하나님 때문에 상처 받았다고 말하며 숨어 버리는 것입니다. 사람의 부정적인 말과 생각, 마귀의 생각을 묵상하면 그 사람은 하나님을 피하고 다른 사람을 비난하게 됩니다. 아담이 하나님과 하와를 비난한 것처럼 말입니다. 이러한 사람이 회복되는 길은 선악과를 먹는, 곧 거짓에 속는 자리에서 나와서 '생명나무'를 먹는, 즉 하나님의 말씀을 먹고 빛 가운데로 나오는 삶으로 돌아와야 합니다. 그래야 하나님의 마음을 알 수 있습니다. 왜냐하면 하나님은 사랑이시기 때문입니다. 여러분의 마음은 요즘 무엇으로 채워져 있습니까?

── 감추고 있는 죄는 하나님을 향한 사랑의 마음을 가로막습니다.

13. 시편 51장 1-12절을 읽어 보세요. 다윗은 지금 무엇을 구하고 있나요? 왜 그것을 구하고 있나요?

사무엘하 11장을 보면, 다윗은 밧세바와 간음하고 그의 남편을 죽이도록 시킵니다. 시편 51편에 보면, 다윗이 그러한 죄를 지은 후 자신의 마음에 대해 이야기하고 있습니다. 흥미로운 사실은 그는 죄를 짓고도 예배를 중단하지 않았습니다. 모든 종교 형식은 다 지켰습니다. 그러나 그의 마음은 막혀 있었습니다. 그는 주님께 마음을 드릴 수 없었는데, 그것은 감추고 있던 죄가 하나님을 향한 마음을 가로막았기 때문입니다. 그래서 다윗은 죄 사함과 용서를 구하고 있습니다. 주를 사랑하는 그 구원의 기쁨을 회복시켜 주시기를 간구하고 있습니다(12절).

'감추인 죄'는 우리로 주님을 온전히 사랑하지 못하게 합니다. 죄는 반드시 고백하고 용서를 구해야 합니다. 그런데 우리는 죄를 짓고 넘어져 있으면서도 잘살고 있는 것으로 착각하며 살 때가 있습니다. 이런 경우 결국 형식만 남고 마음은 주님을 떠나게 됩니다. 너무 익숙해져서 무뎌진 죄들과 작은 죄들을 소홀히 여기지 마십시오. 작은 죄들은 우리와 주님과의 처음 사랑을 망가뜨립니다. 하나님의 사랑을 다시 뜨겁게 붙들 수 있는 길은 바로 회개입니다. 하나님 앞에 홀로 서는 시간이 필요합니다. 그분 앞에서 정직할 수밖에 없기 때문입니다.

14. 호세아 6장 4절을 읽어 보세요. 이스라엘 백성의 하나님을 향한 사랑의 마음을 무엇에 비유하고 있나요? 우리의 사랑은 어떠한가요?

호세아 6장 4절(새번역)은 이렇게 이야기합니다.

> 에브라임아, 내가 너를 어떻게 하면 좋겠느냐? 유다야, 내가 너를 어떻게 하면 좋겠느냐? 나를 사랑하는 너희의 마음은 아침 안개와 같고, 덧없이 사라지는 이슬과 같구나.

조금 있다가 사라지는 아침 안개와 이슬 같은 사랑이 혹시 우리의 사랑의 모습은 아닌가요?

베드로는 예수님이 십자가를 지시기 위해 붙잡혔을 때 그분을 부인합니다. 그 후 베드로는 예수님을 뵐 수가 없었습니다.

그래서 그가 살던 옛 자리로 돌아갑니다. 사실 베드로는 믿음 없는 사람이 아닙니다. 그는 참으로 믿었던 사람입니다. 즉 그에게 하나님을 향한 사랑이 없었던 것이 아니라 부족했던 것입니다. 이렇게 주님을 뵐 면목이 없는 베드로를 예수님은 어떻게 대하셨을까요?

—— 우리가 쓰러져 있을 때 예수님은 우리를 찾아오십니다.

15. 요한복음 21장 15-17절을 읽어 보세요. 예수님은 베드로에게 같은 질문을 세 번이나 하십니다. 그 질문은 무엇인가요?

- -

우리가 주님께 갈 수 없는 그때, 주님이 우리에게 오십니다. 주님은 자녀 된 우리를 버리지 않으십니다. 하나님은 자신의 자녀가 무너진 채 있기를 원하지 않으십니다. 넘어진 베드로에게 찾아오신 것처럼 우리에게도 찾아오십니다. 그리고 주님은 우리에게 한 가지를 확인하고 싶어 하십니다. 그것은 "네가 나를 사랑하느냐?"입니다. 예수님이 넘어진 베드로에게 딱 한 가지 확인하고 싶으신 것은 바로 사랑이었습니다. 이처럼 주를 향한 사랑은 신앙의 전부입니다.

사실 베드로는 "주님, 나는 또다시 주님을 버릴 수 있는 약한 사람입니다. 주님이 원하시는 만큼 사랑할 수는 없지만 주님을 조금은 사랑하는 사람입니다."라고 고백하고 있습니다. 솔직한 고백 아닙니까? 자신의 연약한 믿음을 고백하면 하나님은 우리를 지키시고, 우리에게 마음을 주시며, 베드로에게 주셨던 것처럼 사명을 주십니다. 사실 우리가 그분을 믿는 것보다 그분이 우리를 믿어 주시는 것이 더 큽니다. 그래서 우리의 믿음이 자라는 것입니다. 이렇게 기도해 보십시오. "하나님 저의 인생에도 찾아와 주십시오, 저의 삶 가운데 심방 오셔서 말씀해 주십시오."

── '사랑'을 회복할 때 우리는 예수님으로 충만하게 됩니다.

16. 요한계시록 2장 5절을 다시 한번 읽어 보세요. 처음 사랑을 회복하려면 무엇을 해야 하나요?

요한계시록 2장 5절이 요구하는 것을 세 단어로 요약할 수 있습니다.[13]

Remember(기억하라)	인도하신 과거를 기억하라
Repent(회개하라)	당장 일어나 죄를 끊으라
Re-do(다시 시작하라)	처음 행위를 가지라

예수님은 오늘도 우리를 회복시키기 위해 찾아오십니다. 엘리야처럼 지친 마음을 주님께 고백해 보세요. 필요하다면 영과 육이 쉬는 안식의 시간을 가져 보십시오. 부정적인 생각과 말을 내려놓고 그런 자리에서 떠나십시오. 그리고 주님이 우리의 삶을 어떻게 인도하셨는지 떠올려 보세요. 주님과의 사랑의 관계를 막고 있는 죄가 기억난다면 오늘 하나님 앞에 홀로 나아가 마음을 열고 고백해 보십시오. 그리고 처음 주님을 사랑할 때 했던 행동을 다시 해 보세요. 성령께서 우리 안에 그리스도를 향한 사랑을 회복시켜 주실 것입니다.

17. 요한계시록 2장 5절과 7절을 읽어 보세요. 처음 사랑을 회복하지 못하면 어떤 결과가 기다리나요? 처음 사랑을 회복하면 어떤 축복을 누리게 되나요?

- -

만일 회개하지 않고 사랑을 회복하지 않으면, 예수님은 촛대를 옮기겠다고 하십니다. 이 말씀의 의미가 무엇일까요? 사랑이 없으면 형식만 남은 종교가 된다는 것입니다. 얼마나 많은 성도가 껍데기만 남은 신앙생활을 하고 있는지 모릅니다. 모든 예배의 형식은 지키고 있지만 그 안에 빛이 없습니다. 칭찬 받은 어제(yesterday)는 있는데, 오늘(today)의 살아 있는(live) 신앙생활은 없습니다. 또한 촛대를 옮긴다는 말은 더 이상 빛이 나지 않고, 예수의 향기도 나지 않는 것을 의미합니다. 아무리 많은 것을 가져도 예수의 향기가 나지 않으면 그것은 어떤 삶일까요? 하나님 앞에서는 비참한 삶일 것입니다.

반면 회개하여 주님과의 사랑을 회복하는 사람에게는 생명나무의 과실을 주어 먹게 하십니다. 생명나무는 성경의 처음과 마지막에 등장합니다. 처음 창조 때의 생명나무는 에덴동산 한가운데 있었지만 인간의 죄 때문에 접근하지 못하게 되었습니다. 그러나 예수님의 죽으심으로, 그 보혈의 능력으로 그 길이 활짝 열렸습니다. 바로 예수님이 우리의 생명나무가 되신 것입니다. 예수님으로 말미암아 우리는 매일 생명나무 열매를 먹을 수 있게 되었습니다. 그러므로 그분께 나아가면 됩니다. 주님께로 돌이켜 나아가는 것입니다. 이기는 성도는 돌이켜 주님을 더 사랑하는 성도입니다. 영생을 소유한 주님의 자녀로서 오늘, 주님과 함께 살아 있는 진정한 믿음의 삶을 살아갈 수 있습니다.

—— 사랑이 이깁니다Love Triumphs.

에베소 교회는 분별력이 있었습니다. 그러나 사랑은 약했습니다. 사랑은 믿음과 소망보다 큰 것이라고 말씀하십니다. 하나님이 원하시는 교회는 하나님에 대한 사랑이 커 가는 교회입니다. 하나님이 원하시는 성도는 주님을 사랑하는 마음이 자라는 성도입니다. 여러분은 하나님을 향한 사랑이 살아 있습니까? 기억하십시오! 돌아서십시오! 그리고 처음 행위를 가지십시오! 하나님은 반드시 우리를 생명력 있는 그리스도인으로 회복시키실 것입니다. 할렐루야!

1. 자신의 인생을 돌아보며 주님에 대한 사랑의 마음을 그래프로 그려
   봅시다. 사랑이 가장 충만한 때는 언제였나요? 그 사랑이 식어 버린
   때는 언제였나요?

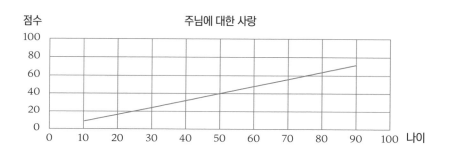

2. 내 신앙의 여정을 하나님이 어떻게 인도해 주셨는지 적어 봅시다. 나
   이에 따라서, 살아온 장소에 따라서 하나님이 나에게 베풀어 주신
   잊지 못할 은혜나 간증을 간단하게 기록해 보세요.

나이(또는 장소)	은혜(간증)

3. 시애틀 대학장로교회(The University Presbyterian Church of Seattle) 목사였던 멍거(Munger) 박사는 목회자들을 위한 콘퍼런스에서 칠판에 큰 원 하나와 그 원 한가운데 'X'를 그리고 나서 다음과 같은 이야기를 했습니다.[14]

저의 목회 여정을 되돌아볼 때 오랫동안 예수님은 이 원의 X처럼 정중앙에 계셨습니다. 예수님은 저에게 실제였고 생명을 주시는 분이었습니다. 그런데 최근 몇 년 동안 저는 방황을 하고 있습니다. (그는 원 안의 정중앙이 아닌 구석에 X를 그리며 말했다.) 주님께서 더는 제 중심에 계시지 않습니다. 주님은 마치 이 새로운 X처럼 다른 것들에 밀려나 제 안에서 중앙이 아닌 주변에 계십니다. 저는 방황 중이고, 그분을 멀리 멀리 밀어 두었습니다. 여러분, 저는 하나님께서 도와주셔서 다시 제 삶의 중심에 예수님 모시기를 기도하고 있습니다. 바로 주님이 계실 곳 말입니다. (그는 원 중앙을 툭툭 치면서 말했다.) 원의 중심이 예수님

의 자리입니다. 여러분, 이 일이 저에게 일어나도록 저를 위해서 기도해 주십시오.[15]

여러분은 어떤가요? 예수님이 마음의 중심에 계시나요, 아니면 변두리로 밀려나 버리셨나요? 오늘 예수님이 나의 중심에 오시도록 기도하지 않겠습니까? 이 기도를 함께하지 않겠습니까? 주님, 오늘 저를 회복시켜 주옵소서!

기도 Pray

주님, 내 마음을 어디에 빼앗긴 것입니까? 오늘 주님께로 향해 가고자 합니다. 주님에 대한 사랑 없이 수고하고 인내했던 위선의 껍데기를 벗어 버리게 하옵소서. 주님, 지쳐 있는 나를 만지고 일으켜 주옵소서. 남을 판단하는 자리에서 그들을 위해 기도하며, 십자가에 달리신 예수님을 생각하는 자리로 인도하옵소서. 오늘 습관적인 죄에서 돌이켜 빛으로 나아오게 하사 주님을 처음 만났을 때의 그 사랑을 회복하게 하옵소서. 베드로를 찾아오신 주님, 오늘 나를 찾아오셔서 붙들어 주시고 일으켜 주옵소서.

◇◇◇◇◇

그리스도의 사랑이 우리를 강권하시는도다

우리가 생각하건대 한 사람이 모든 사람을 대신하여 죽었은즉

모든 사람이 죽은 것이라

고후 5:14

제2장

서머나 교회:
끝까지 충성하는 교회

"Those who are born once, die twice; those who are born twice, die once
(한 번 태어난 사람은 두 번 죽지만, 두 번 태어난 사람은 한 번만 죽는다)."

- E. V. Hill of Los Angeles -

신앙의 가치는 열정과 신실함이 함께 있을 때 드러납니다. 순간적인 열정만 있다면 세상이 비웃고, 열정 없는 신실함만 있다면 고집이 될 수 있습니다. 충성은 '하나님을 사랑하는 마음으로 끝까지 주님을 섬기는 신실함'을 일컫는 말입니다. 거듭난 그리스도인이 된다는 것은 오직 살아도 주를 위해 살고 죽어도 주를 위해 죽겠다는 결단입니다. 충성은 매일 우리가 살고 있는 작은 곳에서부터 시작됩니다.

— 예수님은 고난 가운데서 우리의 '충성Loyalty'을 찾으십니다.

믿음으로 사는 삶에는 반드시 고난이 있습니다. 이 고난은 죄로 말미암은 것이 아닙니다. 믿음대로 살기 때문에 오는 고난입니다. 주님은 우리가 그러한 고난 가운데 있을 때 우리의 믿음을 '증명하고(to prove)', 믿음이 '자라는(to improve)' 기회로 삼기를 원하십니다.[16] 특별히 주님은 그러한 고난 가운데서 우리가 끝까지 충성하기를 원하십니다. 이 충성은 자기의 유익을 구하는, '자기의 면류관'을 구하는 충성이 아닙니다. 이 충성은 주님을 사랑하기 때문에 주님만 구하는, '주님의 면류관'을 구하는 충성입니다.

— 들어가기

여러분이 아는 사람 중에(역사적 인물 포함) '충성'이란 단어를 가장 잘 나타내는 인물이 있다면 누구인가요? 성경 속에서 '충성'의 성품을 잘 나타낸 인물은 누구인가요? 왜 그렇게 생각하나요?

— 서머나 Smyrna

서머나는 오늘날 터키의 세 번째 도시인 이즈미르(Izmir)입니다. 서머나는 아시아의 영광이라고 불리면서 에베소와 경쟁을 벌일 만큼 큰 도시였습니다.[17] 폴리캅이라는 유명한 순교자를 배출한 도시이기도 합니다.[18] 일곱 교회가 위치한 도시들 가운데 가장 수려하고 아름다운 곳으로 알려져 있습니다. 또한 황금 길이 있었고 그 길 해안 쪽으로 여러 신전이 자리했는데, 그 길 끝에는 제우스 신전이 세워져 있었다고 합니다.[19] 서머나 교회의 성도들은 어디를 가든지 우상 숭배 장면을 볼 수 있었습니다.[20] 그리스도인들이 모여 예배하던 초라한 장소와 그리스·로마의 찬란한 신전의 외관상 차이는 그리스도인들을 주눅들도록 만들기에 충분했다고 합니다.[21]

— 우리의 삶을 다스리시는 분은 오직 예수 그리스도이십니다.

1. 요한계시록 2장 8절을 읽어 보세요. 예수님은 어떤 분으로 묘사되어 있나요?

예수님은 서머나 교회에 '처음'과 '마지막'이 되시는 분입니다. 로마 황제의 결정이나 행동이 궁극적으로 서머나 교회 성도들의 삶을 결정하지 못합니다. 로마 제국의 흥망성쇠도 성도들의 삶을 결정하지 못합니다. 그리스도인의 삶은 오직 '처음'과 '마지막' 되시는 한 분 예수 그리스도에 의해 결정됩니다. 우리 인생에 어떤 일이 일어날지라도 예수님은 '처음'의 말씀으로 그

곳에 계시고, ‘마지막’ 말씀으로 우리와 함께 계실 것입니다.

또한 예수님은 자신을 ‘죽었다가’ 다시 ‘살아나신 이’로 소개합니다. 역사적으로 서머나는 B.C. 580년에 무너졌다가 B.C. 290년에 다시 세워진 도시입니다.[22] 그러한 경험을 가진 도시에 살고 있는 서머나 교회 성도들에게 예수님은 스스로를 ‘죽었다가 살아나신 이’로 소개합니다. 무너진 것 같아도, 없어진 것 같아도 다시 온전히 세우실 수 있는 오직 한 분. 그분은 바로 예수 그리스도이십니다.

— 믿음으로 세상을 살아갈 때 고난이 있습니다.

2. 요한계시록 2장 9-10절을 읽어 보세요. 서머나 교회의 상태는 어떠한가요? 그리고 장차 이 교회에 어떠한 일이 일어나나요?

- -

서머나 교회는 ‘환난’과 ‘궁핍’을 경험한 교회입니다. 그리고 앞으로도 고난을 경험해야 하는 교회입니다. 9절에 나오는 ‘환난’의 원어적 의미는 우리를 무너뜨리는 핍박과 박해입니다. 당시 서머나 교회 성도들은 믿음으로 살아가기 위해 수많은 핍박과 위협을 겪어야 했습니다. 예수님은 이들의 고통을 안다고 말씀하십니다. 왜냐하면 예수님은 그들 가운데 계시기 때문입니다. 그렇다면 서머나 교회가 당한 환난은 구체적으로 어떤 것이었을까요?

—— 서머나 교회는 황제 숭배를 거부하면서 환난을 경험합니다.

    3. 요한계시록 1장 1-3절을 읽어 보세요. 요한계시록을 기록한 사람은
       누구입니까?

    요한계시록을 기록한 사람은 사도 요한입니다. 그는 요한계시록을 밧모섬에서 기록합니다. 중요한 사실은 요한이 황제 숭배를 거부했기 때문에 밧모섬에 유배를 가게 된 것입니다.[23] 당시 황제 숭배를 거부할 경우 많은 어려움을 겪었습니다. 그것은 서머나 교회도 마찬가지였습니다.

    서머나는 로마 시대에 로마에 충성을 다한 도시로 유명했습니다. B.C. 195년 이 도시에 로마를 인격화한 여신 로마(Dea Roma)의 신전을 건축합니다.[24] 그리고 A.D. 25년 전후로 황제 티베리우스 신전을 지을 수 있는 총애를 얻기 위해 다른 도시들과 경쟁을 벌였는데, 서머나가 그 특권을 차지합니다.[25] 곧 서머나는 로

마가 위대해지는 일이라면 무엇이든 다 바친, 로마를 위해 충성을 다하는 도시였습니다. 반면 그곳에 사는 그리스도인들은 황제의 흉상 앞에 있던 타오르는 불에 향 뿌리는 것을 우상 숭배로 여겨 이를 거부했습니다.[26] 그들은 예수님만을 주님으로 고백했기 때문에 로마의 황제를 주님으로 고백할 수 없었습니다.[27] 그러나 다른 사람들은 이러한 그리스도인의 신앙 고백을 애국심 없는 수치스러운 모습으로 보았고, 심지어 나라에 대한 반역으로 여기기까지 했습니다.[28]

따라서 서머나 교회는 많은 환난을 겪어야 했습니다. 서머나 도시의 로마에 대한 충성스러운 태도와 서머나 교회 성도들의 예수님을 향한 신실한 태도는 얼마나 값진 대조입니까?

── 서머나 교회는 믿음을 지키다가 물질적으로 가난한 교회가 되었습니다.

4. 요한계시록 2장 9절을 다시 읽어 보세요. 서머나 교회는 '궁핍'을 경험한 교회입니다. 그런데 주님은 이 교회의 실상은 어떻다고 말씀하시나요?

서머나는 부유한 도시였습니다. 그러나 예수님을 믿는 사람들은 가난했습니다. 그들은 일터에서 고용을 거절당했고 때론 가족한테도 외면을 받고 쫓겨났습니다. 정치적(황제 숭배), 종교적(그리스 로마의 신상들) 상황을 고려해 보면, 이러한 '궁핍'은 어쩌면 서머나 교회 성도들에게 당연한 결과였을 것입니다. 그런데 주님은 이러한 '궁핍'을 경험하고 있는 성도들에게 실상은 그들이 '부요한' 자라고 하십니다. 왜 이런 말씀을 하셨을까요?

5. 히브리서 10장 34절을 읽어 보세요. 믿음으로 사는 사람은 '궁핍'한 상황이 닥쳐와도 어떻게 '기쁨'을 잃지 않을 수 있을까요?

- -

6. 고린도후서 6장 10절을 읽어 보세요. 바울은 왜 그리스도인을 "모든 것을 가진 자"라고 말할까요?

- -

믿음으로 사는 사람은 그 믿음 때문에 경제적으로 어려워지는 상황을 경험하기도 합니다. 예를 들면 그리스도인들은 정직

한 마음과 가치관을 갖고 사업하겠다는 믿음 때문에 불의한 방법을 버리고 거짓된 이득을 취하지 않으려고 합니다. 그렇게 되면 세상에서 금전적으로 불이익을 당할 수도 있습니다. 서머나 교회 성도들은 믿음을 떠나서 돈을 버는 기쁨보다 다소 궁핍하게 살아도 믿음 안에서 사는 것을 기뻐했습니다. 그것은 아마도 히브리서 10장 34절 말씀처럼 그들은 믿음으로 "더 낫고 영구한 소유"를 보았기 때문일 것입니다(참고, 엡 1:3-14). 또한 그들은 보배이신 예수 그리스도를 가졌기에 바울처럼 "모든 것을 가진 자"라고 고백했을 것입니다. 그런데 서머나 교회가 당한 어려움은 여기에 그치지 않았습니다.

—— 서머나 교회는 유대인들로부터 비방을 받은 교회였습니다.

7. 요한계시록 2장 9절을 다시 읽어 보세요. 누가 서머나 교회를 비방하고 있습니까? 그들의 정체는 무엇인가요?

그 당시 어떤 유대인들은 황제 숭배를 거부하는 그리스도인들에게 극심한 적대감을 드러냈습니다. 심지어 유대인들 중에는 로마에 충성심을 보이기 위해 예수 믿는 사람들, 즉 로마 황제를

주로 여기지 않는 사람들을 로마에 고발하는 자들도 있었습니다. 주님은 이러한 비방을 잘 알고 있다고 하십니다. 어쩌면 서머나 교회 성도들이 당한 어려움 가운데 가장 큰 것은 이러한 비방이었을지도 모릅니다. 왜냐하면 그리스도인이 된 유대인들은 자기 동족의 비방을 받으며 살아야 했기 때문입니다.

8. 사도행전 13장 43절과 48-52절을 읽어 보세요. 어떤 사람이 바울과 바나바를 따르고 있나요? 또 어떤 사람이 바울과 바나바를 배척하고 있나요?

바울이 선교 여행을 할 때 많은 박해가 있었습니다. 특히 동족인 유대인들로부터 오는 박해가 심했습니다. 사도행전 13장의 바울의 1차 전도 여행을 보면, 비시디아 안디옥에 무리가 모였을 때 사람들을 충동질해 바울과 바나바를 성 밖으로 쫓아낸 이들도 유대인이었습니다. 그들은 이고니온과 루스드라까지 쫓아가 사람들을 선동해 바울을 치게 했습니다. 그럼에도 수많은 사람이 말씀을 듣고 하나님을 믿게 되었다는 기록은 고난 속에서도 복음의 능력이 살아 있음을 보여 준 사건입니다.

──예수님은 믿음으로 말미암은 고난이 닥칠 때 끝까지 충성하기를 원하십니다.

9. 요한계시록 2장 10절을 다시 읽어 보세요. 믿음으로 말미암은 고난이 찾아올 때 주님은 우리가 어떻게 반응하기를 바라시나요? 그러면 주님은 어떻게 해준다고 약속하시나요?

- -

예수님은 서머나 교회 성도들에게 더 큰 고난이 닥칠지도 모른다고 말씀하십니다. 주님은 서머나 교회 성도들이 사회에서 완전히 격리당한 채 이방인처럼 취급당할 수 있다는 것을 알고 계십니다. 그럼에도 주님을 좇아야 하는 것일까요? 로마 황제를 주로 고백하고 안전한 길로 가야 하는 것은 아닐까요? 이것이 서머나 교회가 매일 겪어야 했던 유혹이었고 실제적인 선택의 갈림길이었습니다.

주님이 이 모든 것을 아신다면 우리는 능력의 주님이 이 고난에서 건져 주시기를 기대할 것입니다. 그런데 요한계시록 2장 10절에서 주님은 "두려워하지 말라"고 말씀하시면서 끝까지 충성할 것을 부탁하십니다. 왜 고난을 해결해 주겠다고 약속하지 않으실까요? 그것은 서머나 교회 성도들의 고난이 주님을 충성스럽게 믿고 있어

서 오는 고통이자 로마 시대에 예수님만을 주님으로 고백하며 살기에 당하는 고난이었기 때문입니다.[29]

유혹과 박해 속에서도 믿음을 지킨 사람의 예로 서머나의 폴리캅을 이야기하는데, 그가 순교를 당하기 전에 배교로 회유하던 로마 총독 앞에서 했던 유명한 말이 있습니다. "나는 지난 86년 동안 그분(주님)을 섬겼고, 그분은 내게 잘못하신 일이 하나도 없소. 그런데 어찌 나를 구원하신 나의 왕을 모독할 수 있단 말이오?"[30] 그는 끝까지 주님께 충성을 바친 사람이었습니다.[31]

10. 디모데후서 3장 12절을 읽어 보세요. 예수님을 따라 경건하게 살고자 할 때 무슨 일이 일어나나요?

----

11. 에베소서 6장 12절을 읽어 보세요. 우리는 지금 누구와 싸우고 있나요?

믿음 때문에 환난을 당한다면 그것은 우리가 주님을 사랑해서 일어나는 일이므로 먼저 감사해야 합니다. 요한계시록 2장 10절

에서는 몇 사람이 감옥에 던져져 시험을 받게 된다고 이야기하는데, 사탄은 이 고난을 통해 우리의 믿음을 잃어버리게 하려 합니다. 그리스도인들로 하여금 예수 그리스도의 이름을 부르지 못하게 하는 것입니다. 그러나 예수님은 이 시험을 통해 오히려 너희의 믿음을 '증명하고(to prove)', 그 믿음이 '자라도록(to improve)' 하는 기회로 삼으라고 말씀하십니다.[32]

중요한 것은 예수님이 이 모든 환난에 대한 최종적 권위를 가지신 분임을 믿는 것입니다. 십 일 동안의 환난은 여러 가지 해석이 있을 수 있지만, 이것은 온전한 시험을 의미한다고 볼 수 있습니다.[33] 이 시험은 우리를 새롭게 하는 시험이 될 것입니다. 왜냐하면 예수님이 이 모든 시험을 다스리시기 때문입니다.[34]

── 예수님은 충성된 자에게 생명의 면류관을 약속하십니다.

12. 요한계시록 2장 10-11절을 읽어 보세요. 끝까지 충성하는 자에게 주님께서 주시는 것은 무엇인가요?

예수님은 끝까지 충성한 자에게 생명의 면류관을 주시며, 둘

째 사망의 해를 받지 않게 할 것이라고 약속하십니다. 둘째 사망은 하나님과의 완전한 분리, 영원한 결별을 의미합니다. 이것은 예수 그리스도의 복음을 거부하는 사람들에게 임할 마지막 심판의 상징입니다. 이 상징은 요한계시록의 마지막 부분인 20-21장에 세 번이나 등장합니다. 그러나 예수님을 바라보는 자, 그분의 이름을 부르는 자는 생명의 면류관을 받고 둘째 사망에 이르지 아니하는 축복을 누리게 될 것입니다.

— 성도가 가슴에 간직해야 할 것은 바로 충성입니다.

13. 시편 101장 5-6절을 읽어 보세요. 주님은 이 땅의 어떤 사람을 살펴보고 계시나요? 그리고 그러한 사람과 무엇을 하고자 원하시나요?

----

14. 여호수아 14장 8-9절, 느헤미야 7장 2절과 9장 7-8절, 다니엘 6장 4절을 읽어 보세요. 이들 말씀에 나오는 공통된 단어는 무엇인가요?

하나님은 충성된 사람을 기억하십니다. 특별히 여호수아의 충성스러움은 하나님 말씀을 좇은 삶을 의미합니다. 그리고 느헤미야 9장 8절을 보면 하나님은 아브라함을 충성되이 여기셨는데, 이것은 아브라함의 완전함이 아니라 그의 믿음을 이야기한 것입니다. 그래서 킹 제임스 버전(King James Version)에서는 이 충성을 'faithful(믿음이 충만하다)'이라고 번역한 것입니다. 하나님의 말씀을 듣고 좇으려는 믿음의 삶이 '충성'된 삶입니다.

—— 작은 일에 최선을 다하십시오.

15. 누가복음 16장 10절을 읽어 보세요 어떤 일에 먼저 충성해야 하나요?
고린도전서 4장 2절을 읽어 보세요 어떤 일에 충성해야 하나요?

- -

충성은 우리 각자가 맡은 일에서 드러내야 할 성품입니다. 특별히 작은 일에 더욱 충성해야 하는 이유는 주님이 보시는 충성이 바로 작은 일에 최선을 다하는 것이기 때문입니다.

16. 갈라디아서 5장 22-23절을 읽어 보세요. 성령의 열매에는 어떤
    것이 있나요?

성령의 열매 중 일곱 번째가 '충성'입니다. 충성은 성령 안에
서 함께 애쓰고 수고하면서 계발시켜야 하는 소중한 성품입니
다. 충성은 영적인 근육과도 같습니다. 하루아침에 완성되는 것
이 아니라 매일의 영적 전쟁에서 주님을 선택하는 훈련과 습관
에 의해서 빚어져 갑니다. 하나님을 끝까지 따르는 이 길에서 우
리 모두가 승리하기를 기도합니다.

──충성은 하나님을 사랑하는 마음에서 와야 합니다.

충성에 사랑이 빠지면 자기의 면류관을 구하는 삶이 됩니다.
역사는 이런 사람을 기회주의자라고 부릅니다. 그러나 사랑하는
사람을 향한 충성은 아무것도 구하지 않습니다.

17. 사무엘하 1장 1-16절을 읽어 보세요. 여기에 한 청년이 등장하는데, 그가 한 일은 무엇이었나요? 그 결과 이 청년은 어떻게 되었나요? 이 청년이 정말로 원했던 것은 무엇이었을까요?

사무엘상 31장을 보면, 청년의 말은 사실이 아닌 것을 알 수 있습니다. 그렇다면 그는 왜 다윗에게 거짓말을 했을까요? 이 청년은 다윗에게 충성을 다하려는 외적인 모습으로 자신을 포장하면서 실제는 자기의 면류관을 구했던 사람입니다. 곧 기회주의자였습니다.

18. 사무엘하 4장을 읽어 보세요. 이스라엘 군대의 지휘관인 바아나와 레갑이 등장합니다. 이 두 사람은 어떠한 계획을 꾸미고 실행에 옮기나요? 다윗은 이들이 행한 일에 대해 어떻게 반응하나요?

이스보셋은 힘을 잃은 상태에서 배신자 바아나와 레갑에 의해 죽임을 당합니다. 여기서 레갑과 바아나는 사무엘하 1장의 한 청년처럼 자신의 면류관을 구하며 외적인 충성의 모습으로 다윗

에게 접근했다가 결국 죽임을 당합니다. 그리고 그 죽음은 카멜레온처럼 자신을 바꾸는 기회주의자의 최후를 보여 줍니다.

주님은 서머나 교회에 이러한 왜곡된 충성을 요구하시지 않습니다. 오히려 자신의 면류관을 구하는 기회주의자의 충성을 심판하십니다. 주님은 그분을 사랑하기 때문에 자기의 면류관을 구하지 않고 예수님을 구하는, 예수님이 주시는 생명의 면류관을 구하는 그러한 충성을 요구하십니다. 자기의 면류관을 구하는 사람은 살아 있어도 영적으로 죽은 자입니다. 그러나 하나님의 면류관을 구하는 사람은 언제나 살아 있는 자입니다.

19. 로마서 14장 8절을 읽어 보세요. 바울이 이러한 충성의 고백을 할 수 있었던 동기는 무엇이었나요?

서머나 교회 성도들은 예수님을 사랑했습니다. 그래서 환난과 궁핍 속에서도, 동족의 오해와 비판 속에서도 충성스럽게 예수님의 길을 갔습니다. 그들은 자신의 면류관을 구하지 않고 오직 예수님을 구했으며, 예수님은 그들에게 생명의 면류관을 약속하십니다. 바울이 끝까지 주님의 길에 충성할 수 있었던 동기

는 바로 주님을 향한 사랑입니다. 고린도후서 5장 14절 말씀처럼 바울을 붙들고 있던 것은 자기의 면류관이 아닙니다. 바로 '그리스도의 사랑'입니다.

─ 충성이 이깁니다.

믿음으로 세상을 살아갈 때 고난이 있습니다. 그때 주님이 요구하시는 것은 바로 충성입니다. 서머나 교회에는 주님을 향한 충성이 있었습니다. 그러나 그보다 더 중요한 것은 그 충성의 동기입니다. 서머나 교회 성도들은 예수님을 사랑했습니다. 그래서 자신을 위해 사는 삶, 자신의 이익을 위해 사는 삶, 자신의 면류관을 구하는 삶을 버렸습니다. 그 대신 환난이 있어도, 궁핍에 처해도, 동족에게 오해와 비난을 당해도 서머나 교회 성도들은 묵묵히 좁은 길로 걸어갔습니다. 그 길에는 반드시 "말할 수 없는 영광스러운 즐거움"(Joy unspeakable, 벧전 1:8)이 있을 줄 믿습니다. 주님을 향한 충성의 마음은 이 세상을 이기며, 영원한 자랑이 됩니다. 주님을 사랑하는 사람은 끝까지 주님께 신실할 것입니다.

여러분은 '자기 면류관'을 구하는 사람입니까, '주님의 면류관'을 구하는 사람입니까?

T국 교회의 한 목사님이 섬기는 지하 교회는 계속 숨어서 예배를 드리다가, 기도 끝에 지상으로 나와서 예배 드리기로 결정했습니다. 그리고 성전 한가운데 "예수 그리스도는 어제나 오늘이나 언제나 영원토록 동일하시다."라는 글귀까지 붙여 놓았습니다. 100명 정도가 주일에 모여 예배를 드리는데, 언제든 테러가 발생할 수 있는 상황이었습니다. 그때 이 목사님에게 이러한 질문을 했습니다. "당신의 교회에는 거듭난 그리스도인이 몇 퍼센트나 되는 것 같습니까?" 이 질문에 목사님은 1초도 지체하지 않고 "100 퍼센트요."라고 대답했습니다. 그 이유는 거듭나지 않고서는 이런 곳에서 예배를 드릴 수 없기 때문입니다. 이 교회의 성도들은 예수님을 믿기로 결정한 순간부터 자신이 포기해야 할 것을 내려놓기로 결정한 것입니다.

저는 그곳에서 비행기를 타고 돌아오는 길에 한 가지 고민이 생겼습니다. '회교권에서 예수를 믿을 때는 내가 버릴 것을 결정해야 하는데, 한국이나 북미에서 예수를 믿을 때는 내가 더 받아야 할 축복을 생각하고 구하는 것은 아닐까', '혹시 우리가 복음을 전할 때 주님을 따르기 위해 포기할 것을 결단하는 충성의 모습은 빼 버리지 않았나' 하는 깊은 고민에 빠졌던 것입니다.

우리 자신을 돌아봅니다. 예수님을 믿기 때문에 충성하는 삶을 살기 위해, 예수님에 대한 사랑을 표현하기 위해 나는 무언가를 포기하면서 사는 삶에 익숙합니까? 아니면 예수님을 통해서 무언가를 얻는 삶에 익숙합니까? 성령님께 자신의 모습을 보여 달라고 기도해 보세요. 그리고 주님을 위해서 나 자신이 중단하거나 포기해야 할 것을 생각하고 적어 보기 바랍니다. 신앙의 길은 나의 것을 버리고 주님이 주시는 것을 얻는 길(gaining by losing) 아닙니까? 이러한 결단의 기도를 주님께 드리십시오.

기도 Pray

주님, 나의 믿음을 돌아봅니다. 혹시 지금 '나의 면류관'을 구하며 신앙생활을 하고 있지는 않습니까? 신앙생활하면서 사람들의 눈치를 보고, 사람의 인정을 구하며, 교회에서 어떠한 자리(포지션)를 위해 살고 있지는 않습니까? 언제부터인가 예수님을 사랑하는 순수한 마음으로 신앙생활하는 것이 아니라 욕심을 가지고 교회에 나오고 있지는 않습니까? 주님, '나의 면류관'을 구하는 삶을 내려놓기 원합니다. 내가 무엇을 구하며 살아왔는지를 보여 주옵소서. 그동안 나의 삶이 좀 힘들면 믿음의 길을 포기하고 나와 나의 면류관을 위해 살았던 것을 회개합니다. 오늘 나의 면류관을 아낌없이 내려놓게 해주십시오. 예수님의 형상으로 빚어 주십시오. 껍데기뿐인 신앙의 삶을 내려놓고, 예수님을 사랑하는 순수한 신앙의 사람이 되게 하옵소서.

◇◇◇◇◇

우리가 살아도 주를 위하여 살고 죽어도 주를 위하여 죽나니
그러므로 사나 죽으나 우리가 주의 것이로다

롬 14:8

제3장

버가모 교회:
말씀의 검을 가진 교회

걸음에서 중요한 것은 평형감각입니다. 이것이 무너지면 반듯하게 걷기가 힘듭니다. 우리가 흔들림 없이 세상을 걸어가기 위해 가장 필요한 것은 하나님의 말씀입니다. 이 세상은 기독교 신앙을 줄곧 흔들어 왔습니다. 하지만 그것은 우리에게 늘 기회입니다. 거짓된 신앙, 형식적인 신앙을 무너뜨리고 말씀의 반석 위에 참된 신앙을 세울 수 있는 기회입니다. 여러분의 삶 중심에 하나님의 말씀이 견고하게 자리잡고 있습니까? 하나님의 말씀은 세상의 유혹을 잘라 낼 수 있는 성령의 검이라는 사실을 잊지 마십시오.

—— 그리스도인의 삶은 '진리Truth'의 말씀을 붙드는 삶입니다.

그리스도인은 이 세상을 살아갈 때 영적 전쟁터 속에서 살아가게 됩니다. 우리는 특히 이 세상의 사상과 문화와 철학이 하나님의 말씀과 반대될 때 선택의 기로에 놓입니다. 예수님을 구주로, 주님으로 믿지만 말씀과 달리 살 때가 있습니다. 믿음과 삶을 분리해서 삶의 특정 영역(재정, 결혼, 성, 교육, 직장 등)은 말씀이 아닌 세상의 가르침과 가치관에 따라 살아갈 때가 있다는 것입니다. 그때 예수님은 우리가 영적 전투를 수행할 수 있는 말씀의 검을 가진 자가 되기를 원하십니다. 영원한 구원을 받은 주님의 자녀가 해야 할 일은 이 땅에서 순례자로 사는 동안 진리의 말씀을 붙잡고 이 세상 한가운데를 걸어가는 것입니다. 하나님은 이런 그리스도인의 걸음을 인도해 주십니다.

—— 들어가기

21세기를 살아가는 그리스도인으로서 타협하지 않으면서 순전하게 신앙을 지키려면 어떤 노력이 필요하다고 생각하나요? 세상은 위선적인 그리스도인의 모습에 실망하고 있는 것이 사실입니다. 동시에 절대적 진리를 믿는 그리스도인들이 배타적인 태도를 보이는 것에 대해 우려합니다. 어떻게 하면 기독교 신앙의 절대성을 지키면서 겸손과 사랑의 태도를 간직하고 살아갈 수 있는지에 대해 나누어 보십시오.

── 버가모Pergamum

버가모는 황제 숭배의 중심지인 동시에 두 개의 상징적인 신전이 있는 곳이었습니다.[35] 하나는 신들의 신으로 여겨졌던 제우스 신전인데, 아주 중요한 언덕 위에 자리를 잡고 있었습니다. 다른 하나는 치유의 신으로 불리던 아스클레피오스의 신전입니다.[36] 또한 이 도시에는 세계적으로 유명한 도서관이 있었는데, 책을 일일이 손으로 써야 했던 그때에 20만 권 이상의 책을 보유하고 있었다고 합니다.[37]

따라서 버가모는 다양한 우상 숭배의 중심지였고, 치유를 바라는 사람들이 세계에서 모여들던 곳이었으며, 큰 도서관이 있을 만큼 수많은 사상이 스며들던 곳이었습니다.[38] 그래서 이 도시에서는 영적 전쟁이 벌어지고 있었습니다. 그것은 바로 사상(ideas)의 전쟁이며 또한 "마음의 전쟁(the battle for the mind)"입니다.[39] 버가모는 바로 영적 전쟁의 장소였습니다.

── 예수님은 우리를 위해 싸우시는 분입니다.

1. 요한계시록 2장 12절을 읽어 보세요. 예수님을 어떤 분으로 묘사하고 있나요?

예수님을 좌우에 날선 검을 가지신 분으로 소개합니다. 그 이유는 버가모 교회 성도들이 영적 전투의 현장에서 살고 있었기 때문입니다. 마찬가지로 우리도 세상 속에서 살아갈 때 영적 전투 가운데 있다는 것을 잊지 말아야 합니다. 특별히 여기서 '검'은 영적으로 하나님을 대적하는 사상과 문화에 대항해 싸울 말씀의 검을 뜻합니다.

──버가모 교회는 믿음을 저버리지 않은 교회입니다.

2. 요한계시록 2장 13절을 읽어 보세요. 버가모 성도들이 사는 곳을 어떤 장소에 비유하고 있나요? 그리고 주님은 버가모 교회의 어떤 행동을 칭찬하시나요?

- -

버가모 교회가 사탄의 위(throne), 사탄의 권좌가 있는 곳에 서 있다고 말씀하는 데는 크게 두 가지 이유가 있습니다. 이곳에는 아스클레피오스 신전이 있었는데, 이 신을 상징하는 것이 바로 뱀입니다.[40] 또한 버가모의 언덕 위에 위치한 제우스 신전이 도시 전체의 정치, 의료, 종교의 사상을 지배하고 있었습니다.[41] 그래서 예수님은 버가모 사람들이 서 있는 삶의 자리를 사탄의 위

가 있는 곳이라고 위험하게 표현하신 것입니다.[42]

하나님은 이러한 상황 속에 있는 버가모 교회를 향해 두 가지를 칭찬하십니다. 첫째는 예수님의 이름을 굳게 잡은 것이고, 둘째는 예수님을 믿는 믿음을 저버리지 않은 것입니다. 순교의 상황에서도 믿음을 지킨 것을 칭찬하시는데, 육체적인 핍박 속에서도 당당히 승리하고 있는 버가모 교회 성도들의 모습을 칭찬하신 것입니다. 그런데 이런 큰 믿음을 보여 주는 버가모 교회 성도들 가운데 무너진 삶의 영역이 있었습니다. 좌우에 날선 검을 가지신 주님께서 이제 그 무너진 삶의 영역을 말씀하십니다.

── 버가모 교회는 경건한 삶이 무너져 있었습니다.

3. 요한계시록 2장 14-15절을 읽어 보세요. 주님은 무엇 때문에 버가모 교회를 책망하시나요?

- -

4. 요한계시록 2장 16절을 읽어 보세요. 버가모 교회가 회개하지 않으면 어떤 일이 벌어진다고 하시나요?

예수님은 아주 심각하게 버가모 교회를 책망하십니다. 그 이유는 어떤 성도들이 발람의 교훈과 니골라 당의 가르침을 좇는데, 교회가 그것을 바로잡지 못하고 있었기 때문입니다. 예수님은 회개를 촉구하시면서, 만일 회개하지 아니하면 "속히 임하여 내 입의 검으로 그들과 싸우리라"고 말씀하십니다. 그렇다면 과연 발람의 교훈과 니골라 당의 교훈은 무엇일까요?

이 두 단어의 원어적 의미 가운데 교훈이 담겨 있습니다. 발람은 히브리어이고 니골라는 헬라어인데, 이 두 단어는 '사람을 정복하다'라는 동일한 의미를 가집니다.[43] 즉 발람과 니골라 당의 교훈은 사람들의 생각을 지배하려는 것입니다.[44] 이러한 교훈은 특히 성적인 부도덕과 타락을 정당화하려는 것인데, 이 가르침의 특징은 영과 육을 분리시켜 오해를 하도록 만듭니다.[45] 곧 영혼은 귀한 것이고 구원 받은 존재이지만 육신은 아무것도 아니므로 육의 범죄를 용납(tolerate)할 수 있고, 다른 이성과의 성적 교제가 아무런 문제가 없다고 가르쳤습니다.[46] 그런데 놀랍게도 이러한 사상이 오늘날 우리가 살고 있는 사회의 성적 문화와 아주 비슷하다는 것입니다.[47]

5. 고린도전서 6장 18-20절을 읽어 보세요. 무엇을 피하라고 말씀하

시나요? 그 이유는 우리가 무엇의 (성)전이기 때문이라고 하나요?

예수님은 고린도 교회의 성도들에게(그리스도인들에게) 음행을 피하라고 말씀하십니다. 그 이유는 우리가 예수님의 핏값으로 산 예수님의 것이며, 우리의 영혼뿐 아니라 몸도 하나님께 받은 바 된 것으로 특별히 성령이 우리 안에 거하시기에 성전 된 우리 몸을 거룩하게 여기라고 말씀하시는 것입니다. 이 말씀을 보면 주님의 자녀로 이 세상을 살아갈 때, 영적인 것과 육적인 것에 대한 구분이 없습니다. 영으로도 육으로도 거룩함을 추구해야 하는 것이 그리스도인의 마땅한 삶입니다.

6. 로마서 8장 35, 39절을 읽어 보세요. 우리를 하나님의 사랑에서 끊을 수 있는 것이 있나요? 로마서 5장 20절부터 6장 1절을 읽어 보세요. 죄가 많은 곳에 무엇이 더 많다고 하나요? 이 말씀들은 우리 마음대로 죄를 지어도 괜찮다고 이야기하나요?

위의 로마서 말씀은 하나님의 구원의 크기를 말하는 것입니

다. 하나님의 사랑과 은혜의 깊이를 말하는 것입니다. 이 귀한 말씀을 감사하는 데 사용하는 것이 아니라 죄를 마음껏 짓는 데 사용한다면, 그것은 버가모 교회 성도들의 마음속에 들어와 자리 잡은 발람과 니골라 당의 교훈을 따르는 것입니다. 하나님의 은혜는 우리를 용서합니다. 회개할 때마다 그 은혜는 용서를 베풀어 줍니다. 또한 그 은혜는 용서를 넘어 우리를 날마다 변화시켜 갑니다.[48]

　　이것이 성경이 말씀하는 복음이 아니겠습니까? 예수님은 버가모 교회 성도들에게 회개하고 돌아오라고 명령하십니다. 그럼 어디로 돌아가야 할까요? 다시 하나님의 진리의 말씀을 붙드는 자리로 돌아가야 합니다.

── 성도가 끝까지 지켜야 할 것은 하나님의 말씀입니다.

　　존 스토트는 교회가 지켜야 할 두 가지 진리가 있다고 이야기합니다. 그것은 '교회의 교리(예수님에 관한 진리)'와 '교회의 윤리(거룩한 삶에 관한 진리)'입니다.[49] 첫 번째, 그리스도인이 된다는 것은 예수 그리스도를 나의 구원자(Saviour)와 나의 주님(Lord)으로 받아들이는 것입니다. 이 진리의 예수님을 믿으며(believe), 순종(surrender)하는 것이 성도가 지켜야 할 첫 번째 진리입니다.[50] 이 진리에 대해 주님은 버가모 교회를 칭찬하십니다.

　　그러나 두 번째 '거룩한 삶에 관한' 진리에 대해 주님은 버가모 교회를 책망하십니다. 믿음의 삶 가운데서 꼭 기억해야 할 것이 있습니다. 기독교 신앙은 언제나 예수님의 인격과 사역, 그분의 의로운 삶과 관련되어 있다는 것입니다. 성경은 믿음과 거룩한 삶, 이 두 가지 모두를 양보하지 말라고 말합니다. 왜냐하면 예수 그리스도를 믿는다는 것은 거룩한 삶을 인생의 방향으로 삼는 것이기 때문입니다.

7. 요한일서 2장 4절을 읽어 보세요. 어떤 사람 속에 진리가 없나요?

하나님께로부터 난 자들, 곧 거듭난 그리스도인들은 예수님을 믿을 뿐 아니라 진리 안에서 행하며 빛 가운데서 행하기 위해 애쓰는 자들입니다. 사실 이것은 요한일서 전체의 주제이기도 합니다. 버가모 교회에 하시는 말씀을 오늘날 우리에게 적용해 볼 때, 여러 종류의 사상이 범람하는 이 시대를 사는 우리는 어떤 영역에서 하나님의 말씀을 더 잘 지켜야 할까요? 현대판 '발람 경고문'을 통해서 우리의 모습을 점검해 보고, 더욱 진리의 말씀을 붙드는 은혜가 있기를 바랍니다.

8. 민수기 22-25장을 읽어 보세요.

----

9. 민수기 22장 6절을 보면, 모압의 발락왕이 발람을 부르는 이유가 나옵니다. 그 이유는 무엇인가요?

----

10. 민수기 22장 12절을 읽어 보세요. 하나님은 발람에게 어떻게 하라고 말씀하시나요? 민수기 22장 13-19절을 읽어 보세요. 발람은 그러한 하나님의 말씀에 순종했나요?

발람은 이방 우상의 선지자요 점치는 사람이었습니다. 그는 하나님께 기도하는 것 같은 형식을 취하기도 합니다. 이 말씀에

서 중요한 것은 하나님의 말씀과 발람의 태도가 큰 대조를 보인다는 점입니다. 하나님은 한 치의 망설임도 없이 "그들과 함께 가지도 말고 그 백성을 저주하지도 말라 그들은 복을 받은 자들이니라"(민 22:12)고 말씀하십니다. 하나님의 이 말씀에 발람이 순종하는 것처럼 보입니다. 하지만 19절에 보면, 같이 가는 것을 거절하고 또 말씀을 구하는 모습이 기록되어 있습니다. 하나님께서 이미 답을 주셨는데 왜 망설이는 것일까요? 돈에 미련이 남은 것입니다. 죄를 옆에 두고 있는 것입니다. 죄인 줄 알겠는데 짓고 싶은 것입니다. 어쩌면 하나님이 한 번만 승낙해 주시기를 바라고 있는지도 모릅니다. 발람의 마음속에는 그 돈에 대한 그리움이 숨어 있는 것입니다. 그러나 성경은 우리 속에 있는 죄에 대한 망설임에 대해 경고하고 있습니다.

마음속에 죄에 대한 망설임이 있을 때 우리는 말씀의 검이 필요합니다. 그 검으로 그 죄를 잘라 내야 합니다. 어떤 일을 하고 싶은 욕심에 하나님께 기도하는 흉내는 내지만, 내 마음은 그것을 향해 달려가고 있을 때가 있습니다. 하지만 하나님 앞에 주저함이 있으면 멈추어야 할 때입니다. 성경은 그 길을 가지 말라고 권면합니다. 그것은 발람의 길이기 때문입니다.

11. 민수기 22장 20절을 읽어 보세요. 하나님께서 발람에게 무엇을 말씀하시나요? 이것은 하나님께서 발람의 욕망을 허락하신 것일까요?

----

12. 민수기 22장 21-30절을 읽어 보세요. 누가 발람의 길을 막으려 하나요? 누가 발람에게 이야기하고 있으며, 그 내용은 무엇인가요?

----

13. 민수기 22장 31-33절을 읽어 보세요. 발람이 드디어 목격한 것은 무엇인가요?

20절을 보면 하나님은 함께 가라고 허락하시는 것 같습니다. 그러나 이것은 하나님께서 기꺼이 허락하시는 것이 아니라 자꾸

조르니까 그렇게 하도록 내버려 두시는 것입니다.[51] 22절을 보면 천사를 보내어 발람의 길을 막으시는데, 이는 하나님의 본심이 드러나는 장면입니다. 주님은 발람이 왜 가려고 하는지 다 알고 계십니다.

하나님은 이 장면을 통해 현대 교회를 향해 질문을 던지십니다. "너희는 오늘 나귀가 되려느냐, 발람이 되려느냐? 나귀의 눈을 가졌느냐, 발람의 눈을 가졌느냐?" 발람은 자신의 욕심을 채우기 위해 하나님이 막으시는 길을 가는데, 자신을 방해하는 나귀가 밉기만 합니다. 나귀는 천한 짐승이지만 하나님을 봅니다. 반면 돈을 찾아 떠난 발람은 사람임에도 하나님을 못 보고 있습니다.

그리스도인은 매일 하나님의 손길을 보아야 합니다. 오늘 이렇게 기도해야 합니다. "내 눈을 열어 주십시오. 마음이 청결한 자는 하나님을 볼 것입니다. 발람의 욕심으로 덮인 내 마음을 씻어 주십시오!"

— 하나님과 함께 은혜의 식탁에 앉으십시오!

14. 민수기 22장 36, 40절을 읽어 보세요. 발람이 오자 발락은 그를 어떻게 맞이하나요?

돈에 대한 욕심으로 발락을 찾아갔을 때, 발람은 왕이 대접하는 음식을 먹게 됩니다. 얼마나 좋은 음식이었을까요? 아마도 최고의 대접을 받았을 것입니다. 하지만 이것은 주님이 보실 때 '우울한 만찬'입니다. 아무리 귀한 음식을 먹어도, 왕 같은 대접을 받아도 하나님과 함께 걷는 길이 아니면 그것은 서글픈 잔치가 됩니다. 우리가 먹는 음식이 우울한 만찬이냐, 감사의 식탁이냐는 메뉴에 따라 결정되는 것이 아니라 우리가 걸어가고 있는 방향에 의해 결정됩니다. 우리가 말씀이 인도하는 길로 걸어가고 있는지, 돈을 바라고 발락왕 앞으로 가고 있는지가 성도의 감격과 우울함을 결정합니다.

— 발람의 길을 가고 있는 사람들도 하나님의 축복을 갈망하고 있습니다.

15. 민수기 23장 7-10절을 읽어 보세요. 발람은 지금 저주하고 있나요, 축복하고 있나요? 민수기 23장 10절을 다시 한번 읽어 보세요. 발람은 지금 누구와 같이 되기를 원하나요?

이 말씀은 이스라엘이 다른 민족과 구별된 민족임을 선포하고 있습니다. 하나님의 백성이 망하는 것을 보고자 하는 사람들이 돈을 투자해서 망하게 하려고 해도 하나님의 백성은 망하지 않습니다. 우리의 축복은 하나님이 주신 것이고, 하나님께 속한 것이기 때문입니다. 이처럼 하나님이 주시는 축복 가운데 있는 사람은 세상이 건드리지 못합니다.

그런데 민수기 23장 10절을 보면, 세상의 돈을 구하며 살아온 발람이 자신은 이렇게 살다가 죽는 것을 원치 않는다고 말합니다. 곧 세상을 추구하는 사람들의 내면에서 신음 소리가 들리는 것입니다. 돈을 구하는 발람의 마음속에 다른 것을 갈망하고 있는 소리가 들립니다. 그러므로 그리스도인이 바로 서 있어야 합니다. 그리스도인은 길 되신 예수 그리스도를 보여 주어야 합니다. 기독교를 욕하는 사람들의 마음속에 하나님의 은혜가 들어갈 자리가 있다는 것을 기억하기 바랍니다. 그리고 그들을 위하여 우리가 믿는 소망에 관한 이유를 물을 때 대답할 수 있는 하나님의 축복이 담긴 영원한 복음을 가슴에 품고 살아가야 합니다.

16. 민수기 23장 13-20절을 읽어 보세요. 발람의 입을 통해 하나님이
   주시는 메시지는 무엇인가요?

마음이 조급해진 발락왕은 다시 한번 기대하는 마음으로 발
람에게 다시 묻습니다. 그러나 하나님의 메시지는 변함이 없습
니다. 이스라엘 민족을 건드리지 말라는 것입니다. 이스라엘 민
족의 운명을 바꿀 수 없다고 말씀합니다. 여기에 오늘날 새 이스
라엘로 살고 있는 우리 그리스도인들에게 주시는 메시지가 있습
니다. 그것은 바로 '은혜'입니다.

17. 민수기 23장 21절을 읽어 보세요. 하나님은 야곱의 무엇과 이스라
   엘의 무엇을 보지 않으시나요? 이것이 의미하는 것은 무엇일까요?
   그리고 어떤 소리가 이스라엘 백성 가운데 있나요?

하나님의 백성은 하나님께 은혜를 입은 자들입니다. 그리고

그들에게는 왕을 부르는 소리가 있습니다. 왕을 부르는 소리, 곧 나의 하나님을 부르는 소리입니다. 힘들 때 나의 왕이신 하나님을 부르는 기도 소리가 있다는 것입니다. 우리의 인생 가운데 왕을 부르는 소리가 멈추지 않아야 합니다. 이 기도 소리가 있는 교회에, 성도의 삶에 하나님이 승리를 주실 것이기 때문입니다. 왕을 부르는 소리가 있는 가정이 되기를 바랍니다. 그렇게 될 때 민수기 23장 22-24절에서처럼 하나님께서 승리케 하시는 말씀의 축복을 주실 줄 믿습니다.

── 하나님은 모든 사람에게 하나님께로 돌아갈 수 있는 기회를 주십니다.

18. 민수기 24장을 읽어 보세요. 발람이 이스라엘 백성에 대한 축복을 계속 예언했을 때 발락의 반응은 어땠나요(10-11절)? 아말렉(발락왕)을 향해 어떤 말씀을 했나요(20-25절)? 그리고 누가 이 말씀의 성취를 막을 수 있나요(23절)?

발람이 계속해서 이스라엘을 축복하는 하나님의 말씀을 선포하자 발락은 이제 그만하라며 그에게 집으로 돌아가라고 합니다.

그리고 24장 23절에서 발락왕에 대한 하나님의 결론이 선포됩니다. 아브라함 때부터 지속된 이스라엘을 향한 하나님의 축복은 세월이 아무리 많이 지나도 변함이 없습니다. 아무리 이스라엘을 저주하려 해도 주님의 이스라엘을 향한 사랑은 아무도 꺾을 수 없습니다. 이 말씀의 결론은 이렇게 질문하는 것과 같습니다.

"누가 역사의 주인이냐? 발락왕은 대답하라. 네가 왕이냐? 네가 한 나라의 멸망을 주관하고 있는 줄로 아느냐? 네가 한 사람의 생명과 죽음을 쥐고 있는 줄로 아느냐? 하늘을 나는 새도 하나님의 허락 없이는 떨어지지 않는다."

하나님께서 이렇게 말씀하시는데도, 발람과 발락은 주님께 돌아오지 않고 안타깝게도 각자의 길로 가 버립니다. 베드로후서 3장 9절에 "…오직 주께서는 너희를 대하여 오래 참으사 아무도 멸망하지 아니하고 다 회개하기에 이르기를 원하시느니라"고 말씀합니다. 발락과 발람 두 사람 모두 하나님께 돌아올 기회가 충분히 주어졌습니다. 그러나 안타깝게도 두 사람 모두 하나님께로 돌아온 것이 아니라 자신의 길로 돌아가 버립니다.

— 순례자에게 거룩함은 생명입니다.

19. 민수기 25장 1-9절을 읽어 보세요. 하나님의 은혜로 발락의 침공으로부터 구원받은 이스라엘 백성이 스스로 무너지는 장면이 나옵

니다. 이스라엘 백성은 무엇 때문에 무너지게 되나요?

이스라엘은 한 손에 승리를, 한 손에 축복을 가지고 행진할 준비가 되어 있었습니다. 하지만 25장에 이스라엘 백성이 무너지는 장면이 기록되어 있는데, 그것은 다름 아닌 성적인 타락 때문이었습니다. 이스라엘 백성은 도덕성이 무너졌고, 하나님께 불순종했습니다. 그러한 타락은 이스라엘 백성을 우상 숭배하는 죄로 인도했습니다. 왜 이스라엘 백성은 성적인 타락과 우상 숭배의 죄에 빠지게 되었던 것일까요?

20. 민수기 31장 16절을 읽어 보세요. 누가 이스라엘 백성을 죄의 자리로 인도했나요?

민수기 31장 16절은 이스라엘 백성의 타락이 바로 발람의 작품이라고 소개하고 있습니다. 민수기 25장 1-2절을 보면 이스라엘 남자들이 성적인 욕심을 채우기 위해 음행하며, 하나님께 대한 예배를 버리고 우상에게 절하는 장면이 나옵니다. 사실 이들

이 빼앗긴 것은 예배가 아닙니다. 하나님에 대한 '마음'을 빼앗긴 것입니다. 이스라엘 백성은 '마음'을 다해 하나님의 거룩함을 닮으려고 애쓰는 삶을 성적인 유혹 앞에서 포기한 것입니다.

21. 베드로전서 5장 8절을 읽어 보세요. 누구를 우는 사자에 비유하나요?

- -

발락왕보다 더 악한 적은 사탄입니다. 사탄은 죄를 통해서 우리를 공격합니다. 그러므로 우리는 죄로 넘어진 자리에서 일어나야 하고, 죄의 습관에서 떠나야 합니다. 예수님을 구세주와 주님으로 믿는 믿음의 고백 위에 성도들이 해야 할 일은 '죄'를 멀리하고, '거룩한 주님'을 가까이하려고 애쓰는 삶을 사는 것입니다.

22. 민수기 31장 7-8절, 여호수아 13장 22절을 읽어 보세요. 발람은 어떻게 되었나요?

- -

23. 민수기 31장 16절, 베드로후서 2장 15절, 유다서 1장 11절, 고린
도전서 10장 8절을 읽어 보세요. 발람의 길은 어떤 길인가요?

　돈과 재물을 사랑하는 마음, 어그러진 길로 가고자 하는 마음, 음행의 마음, 하나님이 아닌 다른 것에 마음을 주는 모습 등 모든 것이 다 발람의 길입니다. 발람의 길은 죄의 길입니다. 하나님은 교회(성도)가 이 발람의 길을 말씀의 칼로 잘라 내기를 원하십니다. 그렇다면 우리 안에 이 발람의 길을 죽이는 말씀의 칼이 있습니까?

24. 히브리서 4장 12절을 읽어 보세요. 무엇이 좌우에 날선 검보다도
예리한가요?

　무엇이 우리의 정과 욕심을 죽일 수 있을까요? 그것은 지식이 아닙니다. 바로 능력입니다. 히브리서 4장 12절은 하나님의 말씀에 그러한 능력이 있다고 이야기합니다. 하나님의 말씀은 우리의 죄악을 도려냅니다. 우리의 위선을 잘라 내고, 모든 변명

을 관통합니다. 거짓말을 밝히 드러내 줍니다. 오직 하나님의 말씀, 진리만이 잘못된 생각을 정복할 수 있습니다.

— 진리를 따르는 삶을 살 때 우리는 세상 속에서 그리스도인답게 살 수 있습니다.

25. 요한계시록 2장 17절을 읽어 보세요. 이기는 자에게 주시는 선물은 무엇인가요?

- -

주님은 이기는 자에게 '감추었던 만나'와 '흰 돌'을 주겠다고 약속하십니다. 만나는 약속의 땅으로 가는 길에서 주신 양식입니다. 40년 동안 가나안에 들어갈 때까지 주신 하늘 양식입니다. 이것의 의미는 무엇일까요? 예수님은 요한복음 6장 35, 51절에서 자신을 생명의 떡으로 비유하십니다. 발락은 발람에게 엄청난 식탁을 차려 주었을 것입니다. 그러나 이 식탁은 광야에서의 만나와는 비교가 안 됩니다. 만나를 먹는다는 것은 생명의 떡이신 예수님으로 충만한 삶을 사는 것이기 때문입니다. 주님과 식탁을 같이하는 사람보다 더 축복된 이는 없습니다. 또한 로마 시대에 흰 돌을 옆 사람에게 준다는 것은 여러 가지 의미가 있는

데, 그중 '받는 사람에게 베푸는 호의(favour)' 또는 '친구 간의 우정'이라는 의미도 있습니다.[52] 따라서 만나와 흰 돌이 상징하는 것은 주님과의 친밀한 교제입니다.[53]

── 진리가 이깁니다.

버가모 교회 성도들은 수많은 사상의 홍수 속에서도 믿음의 삶을 살아가야 했습니다. 예수님은 이때 가장 중요한 것이 '말씀의 검'이라고 강조하십니다. 잘못된 생각은 어떤 지식으로도 극복할 수 없습니다. 오직 말씀의 검, 진리의 검만이 그 생각을 정복할 수 있습니다. 예수님은 그리스도인에게 '발람의 길'에서 망설이지 말고 속히 떠나라고 하십니다. 그리고 우리의 왕이신 하나님을 부르며 '진리'의 길을 걸으라고 말씀하십니다. 예수님은 우리가 삶의 모든 영역에서 진리의 말씀을 굳게 붙잡고 승리하는 삶을 살기를 간절히 바라고 계십니다.

1. 그리스도인으로서 세상을 살아갈 때 타협의 유혹이 가장 많이 일어나는 지점은 언제 혹은 어떤 상황입니까? 이런 순간을 그리스도인답게 대처하기 위해 하나님의 말씀을 기준으로 삼고 결정하는 것이 중요합니다. 여러분은 이런 상황에서 믿음의 결정을 내리기 위해 어떻게 합니까? (순간의 기도, 영적인 조언, 말씀을 기억함 등) 삶의 모든 영역에서 믿음으로 사는 법을 익히기 위해 좋은 영적 습관을 갖는 것이 필요합니다. 혹시 여러분이 하고 있는 좋은 경건의 훈련이나 영적인 습관 혹은 본받고 싶은 훈련이 있다면 나누어 보십시오.

- -

2. 여러분의 가정에는 '왕의 이름을 부르는 소리'가 있나요? 어떤 모습으로 그러한 소리가 있나요? (예: 가정 예배, 말씀 묵상, 셀모임 등) 앞으로 '왕의 이름을 부르는 소리'를 위해 어떤 것을 하고 싶나요?

- -

3. 여러분에게 '발람의 길'은 어떤 의미인가요? 혹시 지금 그 길을 가고 있지는 않은가요? 여러분은 발락의 '진수성찬의 식탁'을 추구하나요, 광야의 '만나'를 추구하나요? 지금 내 마음이 무엇을 추구하는지 시간을 가지고 자신을 돌아보지 않겠습니까?

기도 Pray

주님, 혹시 발람의 나귀가 보는 하나님을 나는 보지 못하고 있는 것은 아닌지요? 내 눈을 활짝 열어 주옵소서. 죄를 지으러 가다가 주님을 못 보는 나귀만도 못한 사람이 되지 않도록 성령의 검과 말씀의 검으로 나의 죄들을 도려내게 하옵소서. 내 삶에 왕의 이름을 부르는 소리가 있게 해주옵소서. 우리 가정에 왕을 부르는 소리가 그치지 않게 하옵소서. 우리 교회에 왕을 부르는 기도 소리가 살아 있게 하옵소서. 말씀의 검을 가진 살아 있는 그리스도인이 되게 하옵소서. 죄인의 만찬보다 의인의 만나의 식탁을 사랑하게 하셔서 주님과 교제하며 말씀으로 충만한 삶을 살게 하옵소서.

◇◇◇◇◇

진리를 알지니 진리가 너희를 자유롭게 하리라

요 8:32

제4장

두아디라 교회:
세상에서 본이 되는 교회

그리스도인이 끝까지 싸워야 할 것은 위선입니다. 이것은 나 자신과의 싸움입니다. 하지만 지루한 전쟁이 아니라 성령께서 도와주시는 기쁨의 여정이며, 바울은 이것을 믿음의 선한 싸움이라고 표현합니다. 우리의 말과 삶을 일치시키려는 경건의 연습은 하나님이 받으시는 영적 예배입니다. 동시에 세상 사람들을 주님께 인도할 수 있는 믿음의 표지판입니다. "당신 때문에 나도 예수 믿고 싶다."는 말을 들을 수 있다면 우리에게 얼마나 큰 기쁨이 되겠습니까?

— 그리스도인의 삶은 '온전함Integrity'을 추구하는 삶입니다.

온전함이란 그리스도인의 믿음과 삶이 하나가 되어 세상적인 것과 타협하지 않고 순수하게 거룩을 추구하며 사는 것을 의미합니다. 거룩함은 하나님이 우리를 택하신 목적이자 그리스도인이 걸어가야 할 삶의 방향입니다. 이 거룩함은 하나님의 말씀에 반하는 세상의 가치와 타협하거나 관용을 베푸는 일이 없습니다. 버가모 교회는 삶의 특정 영역에서 세상의 가르침을 따르며 말씀과 '분리된 삶'을 살았던 것을 회개해야 했습니다. 반면 두아디라 교회는 말씀과 세상의 가르침을 '혼합한 삶'을 회개해야 했습니다. 위선과 타협의 옷을 입으면 복음의 능력은 사라집니다. 예수님은 불꽃 같은 눈으로 성도의 삶을 살피십니다. 성도가 죄 가운데 있을 때 세상 사람들보다 먼저 책망하고, 징계하고, 회개케 하십니다. 그 이유는 성도와 교회를 깨끗케 하기 위해서입니다. 거룩한 삶을 추구하며 사는 방법은 예수님을 바라보며 사는 것입니다. 거룩한 삶에 가장 강력한 자극은 주님을 경외하는 마음으로 그분을 바라보는 것입니다.

— 들어가기

여러분은 그리스도인의 신앙(faith)과 세상에서의 사업(business)이 어떤 상관관계가 있다고 생각하나요? 믿음을 지키면서 이 세상에서 사업과 직장생활을 잘 하는 길은 어떤 것일까요?

—— 두아디라Thyatira

두아디라는 에베소, 서머나, 버가모처럼 대대적으로 우상 숭배와 황제 숭배가 이루어졌던 도시는 아닙니다. 종교적이거나 정치적인 핍박은 다른 도시에 비해 비교적 약한 편으로 알려져 있습니다.[54] 두아디라는 서머나로 가는 길과 버가모를 경유하여 시리아로 이어지는 무역 항로가 잘 발달되어 있어 상업이 성행했던 도시였습니다.[55] 특별히 양모 산업과 염색 산업으로 유명했습니다.[56] 이러한 상업의 발달로 두아디라에서는 무역 조합(Gulild, 길드)들이 번성했습니다. 그런데 이들 무역 조합이 힘을 가지고 그 도시의 상업 관련 일들에 실질적인 영향력을 행사하면서 두아디라 교회 성도들은 신앙적으로 위협을 받거나 공격의 대상이 되기도 했습니다.[57]

이 무역 조합의 멤버로 가입하지 않으면 이 도시에서 돈을 벌기 어렵다는 것을 의미했으며, 무역 조합에 참여하지 않으면 '상업적 자살 행위'이자 재정적 손실의 위험을 선택하는 것과 다름 없었습니다.[58]

당시 이 무역 조합원의 사회적 활동은 자신들을 축복하는 신들에 대한 숭배와 밀접한 관련이 있습니다. 이들은 음식을 신께 바치고 우상 숭배 행위를 하며 그 음식으로 함께 식사와 술을 나눴는데, 이는 성적인 부도덕한 행위로 이어지곤 했습니다.[59] 두아디라 교회 성도들은 이러한 정치, 문화, 경제의 환경 속에서 살아갔습니다. 과연 이들은 어떤 모습으로 믿음을 지켜 가고 있었을까요?

── 예수님은 우리의 마음을 꿰뚫어 보시는 분입니다.

> 1. 요한계시록 2장 18절을 읽어 보세요. 예수님은 어떤 분으로 묘사되어 있나요?

두아디라 교회에 예수님을 "눈이 불꽃 같고", "발이 빛난 주석" 같은 분으로 소개합니다. 예수님은 불꽃 같은 눈동자로 교회와 우리가 살고 있는 세상을 바라보십니다. 그 주님이 우리의 마음을 살피시기에 예수님 앞에서는 아무것도 숨길 수가 없습니다.[60] 예수님은 마음속 깊은 죄악도 꿰뚫어 보는 눈을 가지신 분입니다.[61] 또한 예수님의 발은 빛난 주석 같아서 어떠한 환경에서도 요동치 않으시며, 악을 심판하시는 분입니다.[62]

─성도들이 끝까지 구해야 할 것은 주님을 닮아가는 길입니다.

2. 요한계시록 2장 19절을 읽어 보세요. 예수님은 두아디라 교회의 어
   떤 점을 칭찬하시고 있나요?

두아디라 교회는 열심을 가진 공동체였습니다. 에베소 교회에
견줄 만한 섬김이 있었고, 에베소 교회가 잃어버린 사랑까지 보여
주었습니다.[63] 버가모 교회가 위태로운 믿음을 보였다면, 두아디
라 교회는 믿음을 지켰으며, 서머나 교회처럼 인내심으로 환난을
통과하는 그런 교회였습니다.[64] 이렇듯 두아디라 교회에는 칭찬받
을 만한 장점이 많았습니다. 더욱이 요한계시록 2장 19절을 보면
하나님은 이러한 두아디라 교회에 대해 "나중 행위가 처음 것보다
많도다"라고 칭찬하십니다. 이 교회 성도들은 분명히 영적인 성장
을 경험하고 있었습니다. 그러나 주님은 이 성장하는 교회에서도
문제가 발생하고 있다고 말씀하십니다. 성장하고 부흥하는 교회
라고 문제가 없는 것이 아닙니다. 그 문제는 어떤 것일까요?

3. 요한계시록 2장 20절을 읽어 보세요. 예수님은 두아디라 교회의 어
   떤 점을 책망하시나요?

성장하는 교회 안에서 일어날 수 있는 문제는 바로 '용납 (tolerance)'이었습니다. 존 스토트는 용납해서는 안 될 것을 용납하기 시작하는 것에 대해 이렇게 이야기합니다. "건강한 몸에 악성 종양이 자라나기 시작했다. 하나님의 교제 공동체 안에 원수가 둥지를 틀고 있었다."[65] 특히 외적 성장이 교회의 최종 목표인 것처럼 생각해 말씀에 어긋나는 것들을 함부로 껴안으려고 하면 이러한 문제가 생기게 됩니다.

마찬가지로 현대 교회의 그리스도인들이 자신의(가정의) 성장을 위해서 무엇이든지 해 보려는 노력에서 잘못된 것들을 용납할 때, 그리스도인으로서의 삶은 무너지기 시작합니다. 돈을 버는 것이 너무나도 중요하기 때문에 수단과 방법을 가리지 않고 일단 벌어 보자는 생각이 있다면, 즉 'business is just business(사업은 그저 사업일 뿐)'[66]라는 생각을 가지고 있다면, 그것은 '신앙은 교회에서만 필요하고, 세상에서의 삶은 내 방식대로 살겠다.'는 생각과 같습니다. 그럼 과연 하나님은 이 그리스도인을 그대로 놔두실까요? 신앙의 본질은 속사람의 변화입니다.

4. 데살로니가전서 4장 3-4절 말씀을 읽어 보세요. 우리를 향하신 하나님의 뜻은 무엇인가요?

----

5. 데살로니가전서 4장 7-8절을 읽어 보세요. 하나님께서 우리를 왜 부르셨나요? 거룩한 삶을 추구하지 않는 것은 누구를 저버리는 것과 같나요?

두아디라 교회는 사랑과 믿음, 섬김과 인내가 있었지만 거룩함에 약점이 있었습니다. 겉으로 볼 때는 훌륭한데 내적인 삶이 무너진 채 교회를 섬기는 사람들이 있습니다. 하나님이 성도와 교회를 세우신 목적이 이 땅에서 거룩해지게 하려는 것이라면 사탄의 목적은 무엇일까요? 바로 그 거룩함을 어떻게 해서든지 이루지 못하게 하는 것입니다. 사탄의 공격 방법은 핍박과 환난으로, 안되면 이단적인 가르침으로, 또 안되면 발람과 이세벨 같은 이들을 동원해서 죄 가운데 빠지게 하는 것입니다. 사탄은 두아디라 교회를 죄에 빠지게 하는 전략을 사용합니다. 그리고 그

중심에 이세벨이라 불리는 한 여자가 있습니다. 이 사람의 원래 이름은 이세벨이 아니었을 것입니다. 마치 이 여자가 행한 일이 아합왕의 아내였던 이세벨이 이스라엘에 행했던 것과 비슷하기 때문에 이렇게 불린 것으로 추측합니다. 이세벨이라는 자칭 선지자가 일으키는 문제, 그 상징적인 메시지는 무엇일까요?

— 이세벨은 '타협compromise'을 상징합니다.[67]

6. 열왕기상 16장 30-32절, 18장 4, 19절을 읽어 보세요. 이세벨은 어떤 여인으로 소개되고 있나요?

---

7. 열왕기상 21장 1-16절을 읽어 보세요. 나봇의 포도원은 누구의 계략으로 아합왕의 손에 넘어가나요? 열왕기상 21장 25절을 읽어 보세요. 아합왕이 여호와 앞에서 악을 행하게 하는 데 큰 영향을 준 사람은 누구인가요?

중요한 사실은 이세벨이 섬기던 바알의 종교는 성적 부도덕을 권하고 있었습니다. 이세벨의 목표는 여호와 하나님만 섬기며 날마다 거룩할 것을 요청 받는 삶에서 벗어나 바알도 섬기라고 가르치는 것이었습니다. 더 나아가 도덕과 신앙을 분리시킴으로써 신앙생활을 하면서도 세상에서는 자유를 넘어 방종까지 가능하도록 권하는 것입니다.

이세벨은 두아디라 교회 안에 들어와서 하나님과 세상을 둘다 가질 수 있다고 가르치기 시작했습니다. 이 가르침을 받은 그리스도인들은 무역 조합에 가입해서 성적인 부도덕을 저지르는 것이 주님과 그들의 관계에 그다지 영향을 끼치지 않을 수 있다는 가능성을 발견했습니다. 그러나 성적인 타락과 탐욕은 그들의 영혼의 건강을 잃어버리게 했고, 그들의 믿음이 죽어 가도록 만들어 버렸습니다. 교회는 성장하는데 곳곳에서 악성 종양이 자라고 있었던 것입니다.

이세벨의 가르침은 주일에는 거룩한 예배에 참석하지만 평일에는 무엇을 하든지 상관없다고 여기는 적당한 그리스도인의 삶을 살도록 부추겼습니다. 그리하여 교회 안에 이러한 생각들이 자라게 되었는데, 이는 기독교 신앙에 반하는 것이었습니다.

8. 열왕기상 18장 21절을 읽어 보세요. 엘리야 선지자는 이스라엘 백성에게 무엇을 결단하라고 하나요?

대럴 존슨은 이러한 절충과 용납에 대해서 이렇게 표현합니다. "이세벨은 하나님을 예배하는 것과 바알을 경배하는 것이 근본적으로 다름을 알고 있었다. 그래서 이 두 종교는 상대방의 의미를 퇴색시키지 않고는 같이 존재할 수 없다는 것도 알고 있었다. 또한 그녀는 하나님을 예배하는 데 있어서 이스라엘 선지자의 명백한 가르침은 둘 가운데 하나만 택하는 것이지 둘 다 선택할 수 없다는 것도 알고 있었다. 하나님은 '너는 나 외에는 다른 신들을 네게 두지 말라'(출 20:3)고 말씀하신다. 어떤 절충도 불가능하다. 선택은 언제나 하나님이냐, 바알이냐이지 하나님과 바알 둘 다는 될 수 없다."[68] 하나님께 충성하는 태도를 적당한 충성으로 바꾸어 주는 것, 이것이 바로 '이세벨'이 추구했던 것입니다.

── '이세벨'은 삶의 기준이 말씀에서 문화로 바뀐 것을 상징합니다.

9. 이사야 40장 8절을 읽어 보세요. 무엇이 영원한가요?

이세벨은 말씀을 가지고 살던 이스라엘 사람들을 다른 기준으로 살아가도록 강요했던 사람입니다. 이세벨은 영원한 하나님의 말씀을 생명처럼 여기던 그리스도인들에게 다른 기준을 제공했습니다. 이것은 현대 사회를 이해하는 데 도움을 줍니다. 왜냐하면 이 세상은 절대적 기준인 말씀을 따라 살던 사람들에게 그 기준을 상대적인 것으로 바꾸어 버렸기 때문입니다.

갤럽 조사에 따르면, 미국인의 67 퍼센트가 "절대적인 진리는 없다"고 믿는다고 합니다.[69] 그리고 누군가 절대적인 진리를 주장하면 '관용(tolerance)'이라는 덕목을 내세워 그러한 주장을 아주 편협한 의견으로 간주해 버립니다.[70] 절대적 진리는 없다는 생각과 신념이 강하게 자리를 잡을수록 기독교적인 가치관은 점점 주변으로 밀려나게 됩니다. 모든 도덕적 가치가 중립적이라는 인식이 팽배하면 관용과 용납의 문화 속에서 모든 모양의 악함을 껴안을 문이 활짝 열리게 됩니다.[71]

이렇듯 이세벨은 오늘날 다른 옷을 입은 채 우리 사회 속에 들어와 있습니다. 그러므로 이들을 분별할 수 있는 눈이 필요합니다. 이사야 40장 8절 말씀처럼 하나님의 말씀의 다림줄, 즉 그 기준은 결코 변하지 않습니다. 그렇다면 누가 이 사회를 향하여 "NO!"를 외칠 수 있습니까? 어떻게 해야 교회가, 성도들이 이 세상에서 승리할 수 있습니까?

10. 요한계시록 2장 20-23절을 읽어 보세요. 회개하지 않을 때 주님
은 어떤 심판을 하신다고 말씀하나요?

하나님은 세상 사람들보다 교회를 먼저 책망하고, 징계하고,
심판하실 것을 선포합니다. 이 선포는 교회를 깨끗케 하시려는
하나님의 마음입니다. 행위대로 갚아 주시고 그의 자녀(이세벨의
가르침을 따르는 자들)를 죽이신다는 말씀은 죄를 죄로 알도록 깨닫
게 하신다는 엄중한 의미가 내포되어 있습니다.

── 말씀이 다스릴 때 우리는 승리합니다.

11. 요한계시록 2장 24-25절을 읽어 보세요. 두아디라 교회의 모든
사람이 이세벨의 가르침을 따랐나요?

이세벨의 무리는 니골라 당과 발람의 무리와 비슷한 면이 있
습니다. 흥미로운 사실은 에베소 교회는 처음 사랑을 잃어버렸
지만 니골라 당의 행위를 미워했고, 두아디라 교회는 사랑은 있

는데 이세벨의 악함을 용납했다는 것입니다. 그럼에도 이 교회 가운데 넘어지지 않고 믿음을 지킨 성도들이 있었습니다. 이들이 믿음을 지킬 수 있었던 비결은 무엇인가요?

12. 요한계시록 2장 18절을 다시 한번 읽어 보세요. 예수님의 발은 무엇과 같다고 말씀하나요?

- -

왜 예수님은 자신의 발이 빛난 주석과 같다고 하실까요? 이 말씀은 이런 질문으로 볼 수도 있습니다. "너의 발은 어딘가에 뿌리를 내리고 있는가, 아니면 가볍게 여기저기 돌아다니고 있는가?" 발이 주석이면 그 무게가 무거울 것입니다. 쉽게 움직이지 않는다는 것입니다. 그러므로 말씀에 뿌리내린 사람으로 살아가라는 뜻입니다. 여러분은 삶 속에서 말씀을 붙들고 있습니까, 세상의 가치를 붙들고 있습니까?

말씀이 다스릴 때 성도가 승리하고, 교회가 승리합니다. 말씀이 다스릴 때 우리의 삶 속에 거룩함이 열매로 맺히게 됩니다. 거룩이 승리 아닙니까? 회개는 하나님께 돌아오는 것이고, 말씀 앞으로 돌아오는 것입니다. 이 세상이, 이 세상의 문화가 하나님의 말씀 앞으로 돌아와야 합니다.

13. 열왕기상 21장 17-19절을 읽어 보세요. 하나님은 무엇을 알고 계시나요? 아합의 최후는 어떻게 될까요? 열왕기상 21장 23절을 읽어 보세요. 이세벨의 최후는 어떻게 될까요?

하나님은 불꽃 같은 눈동자로 사람의 마음을 살피십니다. 이세벨이 한 일은 나봇을 죽인 것입니다. 나봇은 절대로 땅을 팔지 않겠다고 했는데, 그 이유는 땅이 하나님의 기업이기 때문입니다. 여기서 나봇은 말씀을 붙든 사람을 상징합니다. 반면 이세벨은 말씀 붙드는 자를 죽이는 사람을 상징합니다. 하나님은 이세벨을 반드시 심판하십니다.

끝까지 붙들어야 할 것은 사람이 아닙니다. 돈도 아닙니다. 하나님의 말씀이어야 합니다. 말씀을 붙드는 사람은 반드시 승리합니다. 말씀은 영원하기 때문입니다(사 40:8). 주님의 말씀을 붙드는 교회는 환난 속에서도, 유혹 속에서도 승리합니다.

— 예수님을 바라볼 때 우리는 승리합니다.

14. 요한계시록 2장 18절을 다시 읽어 보세요. 예수님의 눈동자는 무엇과 같은가요?

15. 이사야 29장 15절을 읽어 보세요. 누구에게 화가 임하나요?

_____

16. 히브리서 4장 13절을 읽어 보세요. 하나님 앞에 무엇을 숨길 수 있을까요?

_____

예수님이 왜 자신의 눈동자를 불꽃 같다고 하셨는지에 대해 이미 살펴보았습니다. 예수님 앞에서는 아무것도 숨길 수가 없습니다. 여호와는 심장을 살피며 폐부를 시험하시는 분입니다. 그런데 '불꽃 같은 눈동자'라는 표현에는 두 가지 의미가 들어 있습니다. 첫 번째는 이세벨의 죄악을 꿰뚫어 보시는 불꽃 같은 분노의 눈입니다. 두 번째는 인간의 연약함을 아시고 쓰러지는 베드로(우리)를 사랑으로 포기하지 않고 바라보시는 신뢰의 눈입니다. 우리는 이 주님의 눈을 바라볼 때 악을 향해 달려가다가 멈출 수 있습니다. 주님의 눈은 아무것도 감출 수 없는 의로움의 눈이며, 회개하고 돌아오는 모든 사람을 깨끗케 해주시는 용서의 눈입니다.

17. 히브리서 12장 2절 말씀을 읽어 보세요. 누구를 바라보라고 명령하나요?

- -

예수님을 바라본다는 것은 매 순간 그분과 동행하는 법을 배우는 것입니다. 거룩한 삶에 가장 강력한 자극은 그분을 경외하는 마음으로 주님을 바라보는 것입니다.[72] 이 세상에서, 일터에서, 유혹 앞에서 우리가 승리하는 방법은 바로 주님을 바라보는 것입니다. 불꽃 같은 눈동자로 우리를 바라보시는 예수님을 매일 바라보십시오.

18. 요한계시록 2장 26-29절을 읽어 보세요. 이기는 자에게는 무엇을 주신다고 약속하나요?

- -

예수님을 바라보며 그분과 동행하는 사람에게 예수님은 "만국을 다스리는 권세"와 "새벽 별"을 주신다고 말씀하십니다. 여기서 '새벽 별'은 예수님 자신을 나타내므로, 이 말은 '예수님 자신을 주신다는 약속'입니다.[73]

모세가 호렙산에서 주님을 만난 시간은 한 달이 약간 넘습니다(40일). 광야에서 보낸 40년을 생각하면 아주 적은 시간이지만 그 시간은 소중했습니다. 14,600일 중 40일로, 약 0.3 퍼센트의 시간입니다. 그러나 이 시간이 있으면 내 영혼이 삽니다. 24시간 중에 15분은 1.04 퍼센트의 시간입니다. 주님의 불꽃 같은 눈동자 앞에 사는 시간은 우리의 삶에 반드시 필요합니다.

── 온전함Integrity과 거룩함Holiness을 향한 길은 승리의 대로입니다.

그리스도인의 믿음과 삶은 하나입니다. 구원 받은 주의 자녀로 이 땅에서 살아갈 때 주님께서 원하시는 것은 바로 우리의 거룩입니다. 우리가 거룩을 추구할 때 비로소 믿음과 삶이 하나가 되는 온전함을 향해 나아갈 수 있습니다. 그 거룩을 이루기 위해 우리가 해야 할 것이 있는데, 바로 예수 그리스도를 바라보는 것입니다. 예수님은 우리의 모든 죄악을 아시고, 멀리서도 우리의 생각을 밝히 아십니다(시 139:2). 그리고 우리가 회개하고 말씀을 붙드는 삶으로 돌아오기를 소원하며 우리를 바라보십니다. 오늘이 바로 예수님을 바라볼 때입니다. 오늘이 바로 말씀을 붙들 때

입니다. 영원히 변치 않는 말씀을 붙들 때 그리스도인은 이 세상
에서 이기는 자로 살아갈 것입니다!

1. 하루 24시간 중 주님과 교제하는 시간이 얼마나 되나요?

- -

2. 하루 중 시간을 정해 놓고 무엇을 기도하겠다는 생각도 내려놓은 채 오직 주의 말씀 앞에 머물며 예수님만 바라보는 시간을 가져 보지 않겠습니까? 하루 1.04 퍼센트의 시간, 즉 15분이 우리의 영혼을 살립니다. 그 15분을 정해서 한 주간 예수님과 동행하는 삶을 연습해 봅시다.

- -

3. 두아디라 교회 성도들의 질문은 이런 것입니다. "우상 숭배 의식과 술 취함 그리고 성적인 부도덕한 행위로 이어지는 당시 사회의 풍습에 그리스도인이 참여하는 것이 가능한가?"[74] 이와 관련해서 바클레이는 T.R. 글러버의 우상론에 소개된 교부 테르툴리아누스의 이야기를 소개합니다. 그 이야기는 다음과 같습니다.[75]

…테르툴리아누스는 신상, 도금, 도료 기타 등등 우상을 만들어 생계를 유지하는 그리스도인들을 상대하게 되었다. 그것 말고는 생계를 유지할 다른 방도가 없다는 간청을 들었을 때 그는 분연히 화를 내면서 대꾸했다. "Vivere ergo habes? 당신은 꼭 살아야만 하는가?"[76]

테르툴리아누스의 질문과 대답이 여러분에게 시사하는 것이 있나요? 있다면 이야기해 보세요.

기도 Pray

나를 불꽃 같은 눈동자로 지켜보시는 주님을 바라보게 하옵소서. 교회 안뿐 아니라 세상에서 살아갈 때도 나는 예수님께 속한 자입니다. 언제 어디서든지 주님의 자녀임을 고백하는 자가 되게 해주옵소서. 세상에서도 교회에서처럼 똑같은 믿음으로 살도록 깨워 주옵소서. 주님, 죄인 줄 알면서도 아직 머뭇거리고 있는 삶에서 오늘 돌이켜 주님께로, 주님의 말씀으로 달려가게 하옵소서. 성령의 도우심을 구합니다. 내가 쉽게 버리지 못하는

죄와 무거운 짐을 주님 앞에 가지고 나아가오니 주님의 치유와
새롭게 하심을 경험하게 하옵소서.

◇◇◇◇◇

믿음의 주요 또 온전하게 하시는 이인 예수를 바라보자…

히 12:2

제5장

사데 교회:
생명을 붙드는 교회

농촌 교회에서 섬길 때 놀랐던 일이 있습니다. 평생 농사를 지으시던 어떤 권사님이 너무도 분명하고 열정적인 신앙과 함께 지혜를 가지고 있음을 보았기 때문입니다. 많이 배우지 못한 분임에도 성도들은 그분 안에 있는 영적 권위를 공감했고 조언을 구할 만큼 소중한 분이었습니다. 왜 어떤 사람의 믿음은 살아 있는데 어떤 이는 죽어 가는 것일까요? 그 분기점에 겸손과 교만이 있습니다. 하나님께 부르짖는 사람, 하나님의 도우심을 늘 구하는 사람의 믿음은 언제나 살아 있습니다.

── 그리스도인의 삶은 '살아 있는' 삶입니다.

하나님은 성도와 '살아 있는 관계(living relationship)'를 원하십니다. 하나님은 우리의 외모가 아니라 속마음을 살피십니다. 그리스도인이 말씀과 기도를 통한 하나님 아버지와의 대화 없이 살아간다면, 그것은 숨을 쉬지 않는 것과 마찬가지입니다. 숨을 쉬지 않으면 영적으로 죽은 것과 같습니다. 그러나 하나님 아버지는 우리를 그 상태로 버려두지 않으십니다. 우리가 쓰러졌을지라도 예수님은 언제나 우리의 주님이십니다. 하나님의 은혜는 여전히 살아 있습니다. 우리의 죽은 행위를 살려 내어 생명으로 고동치게 하시는 성령님이 우리와 함께하십니다. 성령님은 그리스도인의 삶을 생명력 있는 삶으로 변화시키십니다. 그 성령님을 의지하지 않겠습니까?

── 들어가기

'형식적인 신앙'과 '마음을 다하는 신앙'의 특징을 한 단어로 표현해 보세요. 지금까지 경험으로 볼 때 언제 형식적인 신앙생활을 하게 되나요? 그리고 언제 마음을 다하는 신앙생활을 하게 되나요?

── 사데 | Sardis

사데 도시는 두 가지 큰 특징을 가지고 있습니다. 하나는 도로가 발달한 지리적 요충지로 일찍이 상업 도시로서 자리매김을 했습니다. 역사 속에서 '부의 대명사'로 불리던 크로이소스 (Croesus)가 왕이었으며, 소아시아에서 만들어진 '최초의 주화'가 크로이소스 시대에 만들어졌습니다.[77] 그만큼 상업의 역할이 큰 도시였음을 짐작케 합니다.

다른 하나는 군사적으로 볼 때 지형적 특성상 '난공불락의 도시'로 불렸습니다.[78] 도시 뒤쪽에는 높은 산이 방패처럼 막아 주고 있었으며 산등성 높은 곳에 도시가 위치해 있어서 적이 공격하기가 쉽지 않았습니다.[79] 그러나 역사 속에서 이 도시는 두 번 점령당하게 되는데, 먼저는 B.C. 549년 페르시아 고레스 황제 때 군인들이 절벽을 타고 올라가 방심하고 있던 수비대를 공격해 이 도시를 함락했습니다. 그다음은 B.C. 218년 안티오코스와 전쟁할 때 이와 비슷한 일이 발생했습니다.[80] 이는 군사적으로 안전한 도시라고 여기며 살던 사데 지역의 사람들에게 큰 충격을 안겨 준 사건이었습니다.

사데 도시에는 진리에 대한 이단적인 공격이나 영적인 유혹이 두드러지지 않았던 것으로 알려져 있습니다.[81] 상업적으로 활발한 도시, 군사적으로 안전한 도시, 교리적으로 위협이 적었던 도시에 세워진 교회는 일반적으로 '살아 있고', '안정감'을 누리는 교회였을 것이라고 생각할 수 있습니다. 그렇다면 하나님이 보시는 사데 교회의 모습은 어땠을까요? 사데 교회를 향한 주님의 말씀을 통해 우리의 모습을 점검해 보기를 원합니다.

── 예수님은 우리에게 성령 충만함을 요구하십니다.

> 1. 요한계시록 3장 1절을 읽어 보세요. 예수님은 어떤 분으로 묘사되어 있나요?

- -

예수님은 자신을 하나님의 일곱 영과 일곱 별을 가지신 분으로 소개합니다. 요한계시록에 소개되어 있는 예수님의 상징적인 이미지는 모든 교회마다 꼭 필요한 것이 무엇인지를 알려 주기 위한 열쇠가 됩니다. 요한계시록 1장 20절에 따르면, 일곱 별은 일곱 교회의 사자(angels)입니다. 그렇다면 일곱 영을 가지셨다는 것은 무슨 뜻일까요? 그것은 성령님의 충만하심과 완전하심을 뜻합니다.[82] 사데 교회가 간절히 필요로 했던 것은 모든 믿는 자에게 생명력을 공급하시는 성령님이었습니다.[83] 성령 충만에 대해서는 이 장의 마지막에 다시 한번 다룰 것입니다. 여기서는 사데 교회에 가장 필요한 것이 '성령 충만'이었다는 큰 그림만 마음에 새겨 두고, 다음 질문으로 넘어가도록 하겠습니다.

── 예수님은 우리의 외모가 아니라 중심을 보십니다.

2. 사무엘상 16장 7절을 읽어 보세요. 사람이 보는 것과 하나님이 보시는 것은 어떻게 다른가요?

────────────────────────────────

3. 이사야 29장 13절을 읽어 보세요. 주님은 자기 백성의 무엇에 더 큰 관심을 갖고 계시나요?

────────────────────────────────

4. 요한계시록 3장 1절을 다시 읽어 보세요. 사데 교회는 사람들에게 어떤 이름으로 불렸나요? 그럼 예수님은 이 교회를 어떻게 보고 계시나요?

────────────────────────────────

믿는 자가 '죽은 자'라는 주님의 책망을 들었다면, 이는 매우 고통스러운 말씀이었을 것입니다. 사데 교회가 들었던 '살았다'라는 이름은 하나님이 아닌 사람들 앞에서의 명성이었습니다. 남들 눈에는 부러움의 대상이 되었는지 모르지만 하나님 앞에서는 결함투성이었습니다. 사람들에게 보이는 '명성'과 하나님이 보시는 '실제'의 차이, '인간이 보는 것과 하나님이 보시는 것의 차이'를 아는 것은 매우 중요합니다.[84] 언젠가 우리는 하나님 앞에 서서(사람들 앞에 서는 것이 아니라) 그분께 우리의 삶을 이야기할 것이기 때문입니다.[85]

— 사데 교회는 겉으로는 살아 있는 교회이지만, 속으로는 죽어 가는 교회였습니다.

5. 요한계시록 3장 2절을 읽어 보세요. 주님께서 보시는 사데 교회의 문제점은 무엇인가요?

사데 교회는 그 행위가 온전하지 못했으며 죽어 가고 있었습니다. 이 책망의 본질은 사데 교회 성도들이 많은 활동을 하고 있지만 그 동기가 깨끗하지 않다는 것입니다. 사실 하나님은

지나칠 정도로 우리의 속마음을 살피십니다. 만약 주님과 사랑의 관계 안에 있는 것을 최우선으로 여기지 않으면, 우리는 언제든지 형식주의에 빠져 단순한 '종교생활'을 하게 됩니다. 그리고 "마음을 드리지 않는(half-hearted) 형식적인(superficial)" 신앙생활이 이어질 때 우리는 영적으로 죽어 갑니다.[86]

6. 요한계시록 3장 4절을 읽어 보세요. 예수님은 어떤 사람들과 함께 다니시나요? 이 사람들의 수는 얼마나 되나요? 그렇다면 대다수 사데 교회 성도들의 모습은 어떠했을까요?

- -

사데 교회에는 어떠한 외부의 공격이나 핍박의 기록이 없으며, 직접적인 유혹도 언급되지 않았습니다.[87] 겉으로는 모든 것을 갖추었고 부요했으며 유명했던 그 교회 안에 하나님만이 보시는 내면의 문제가 있어서 그것이 교회를 영적으로 죽어 가게 만들었습니다. 그것은 바로 드러나지 않는 은밀한 죄악들이었습니다. 이것은 이세벨의 유혹이나 발람의 유혹이 아니었습니다. 내부에서 일어나는 욕망과 죄악이었습니다. 다시 말하면 사데 교회는 스스로 생각하기에 선 줄로 알았지만 사실 스스로 넘어지고 죽어 가고 있었습니다.

7. 요한계시록 3장 2절을 읽어 보세요. 주님은 사데 교회에 무엇을 굳 건하게 하라고 명령하시나요?

----

8. 디모데전서 5장 5-6절을 읽어 보세요. 어떤 사람이 '산' 것 같지만, 실제로는 '죽은' 사람인가요?

사데 도시는 난공불락의 요새였습니다. 그런데 뜻하지 않게 두 번이나 점령을 당했습니다. 이 일은 우리에게 교훈을 줍니다. 명백한 유혹이 없다고 해서 안전한 것이 아닙니다. 우리 안에 죄 가 도사리고 있기 때문입니다. 그러므로 늘 깨어 있어야 합니다.

주님은 사데 교회를 향해, 그리고 오늘도 죽어 가고 있는 교 회와 성도를 향해 무슨 말씀을 하고 싶으신 것일까요? 그것은 바로 살아 있는 교회가 되라는 것입니다.

9. 요한계시록 3장 2절을 읽어 보세요. 죽어 가는 삶을 살리기 위해서 가장 먼저 해야 할 일이 무엇이라고 말씀하나요?

주님은 우리에게 먼저 "깨어나라(wake up)!"고 말씀하십니다. 그리고 신앙의 생명력이 더 이상 죽어 가지 않도록 굳건하게 하라고 말씀하십니다. 우리의 믿음이 침체되면 기도도 안 되고 답답한 시간을 보낼 때가 있습니다. 심지어 이러한 시간이 길어질 수도 있습니다. 이때 믿음의 삶이 다시 살아나는 일이 가능할까요? 과연 죽어 있는 교회가 살아날 수 있을까요? 죽어 있는 믿음이, 침체된 기도가, 침체된 사람이 살아날 수 있을까요? 우리는 이것을 사데 교회에서 배워야 합니다. 가장 중요한 것은 우리의 신앙이 죽어 가도 주님은 언제나 살아 계신다는 진리입니다. 주님께서 사데 교회에 깨어 있으라고 명령하시는 이유는 오직 주님만이 우리와 교회를 다시 살리실 수 있기 때문입니다.

10. 에베소서 2장 1절을 읽어 보세요. 허물과 죄로 죽었던 우리를 누가 살리셨나요?

11. 요한복음 5장 25절을 읽어 보세요. 어떤 사람이 살아날 수 있나요?

12. 요한복음 11장 32-44절을 읽어 보세요.

1) 마리아는 예수님이 어디에 계셨으면 나사로가 죽지 않았
을 것이라고 믿고 있나요?

2) 나사로는 어떤 무덤 속에 놓였나요? 그 무덤의 입구는 무
엇으로 막혀 있나요?

3) 예수님은 나사로를 어떻게 살리시나요?

요한복음 11장 32-44절에 등장하는 나사로를 하나의 교회 또는 한 명의 성도라고 생각해 보세요. 예수님과 함께 있다면 그 영혼은 늘 예수님과의 생명력 있는 교제로 살아 있습니다. 그러나 그러한 교제가 없으면 그 사람은 영적으로 죽어 갑니다. 주님과 사랑을 나누는 친밀한 교제가 점점 희미해져 갈 때, 마치 나사로가 돌로 막아 놓은 굴에 갇힌 것처럼 우리의 영적인 삶은 죽고 '돌'에 막힌 것같이 됩니다.

주님은 나사로를 살리기 전에 아주 짧게 말씀하십니다. "돌을 옮겨 놓으라." 곧 우리의 영을 죽게 하는 문제의 돌을 치우라고 말씀하십니다. 그리고 주님은 그 돌을 '오늘' 치우라고 하십니다. 그 돌이 더 이상 우리의 것이 되지 못하게 하라고 하십니다. 만약 그 돌이 죄의 문제라면, 또한 그 문제가 너무나 오랫동안 지속되어서 '나는 못해', '나는 안 돼'라는 부정적인 생각에 놓여 있다면 기억하십시오. 예수님은 이미 '죽은' 나사로를 살리셨습니다. 그렇다면 영적으로 '죽어 가는' 자도 반드시 살리실 것입니다.

우리의 삶에서 돌을 치울 때 우리는 축복과 감격의 예배를 드릴 수 있습니다. 내가 영적으로 넘어졌을 때, 안일함 속에서 살아갈 때, 살아 있다고 하지만 죽은 자처럼 되어 있을 때 꼭 기억해야 합니다. 오직 예수 그리스도만이 우리를 살리실 수 있습니다.

13. 나사로의 이야기를 다시 한번 생각해 보세요. 나사로를 살린 것(분)
    은 무엇인가요?

　　보통 사람들은 역경이 닥칠 때 믿음을 강조합니다. 특별히 주
관적인 믿음을 강조합니다. 자기의 주관적인 믿음이 역사를 일
으킨다는 생각을 가지고 있습니다. 그리고 이러한 믿음이 있어
야만 믿음이 큰 자라고 생각하는 경향이 있습니다. 하지만 나사
로를 살리신 사건을 보면, 내 주관적인 믿음의 크기가 더 중요한
것이 아님을 보게 됩니다. 또한 주님을 더 꽉 붙든다고 해서 기
적이 일어나는 것도 아니라는 것을 보여 줍니다.

　　주님의 역사는 주님이라는 객관적 실체가 계시기 때문에 일
어나는 것입니다. 나 때문에 역사가 일어나지 않습니다. 믿음이
약해져 있을 때도 주님이 하시면 역사가 일어납니다. 내 믿음이
70 퍼센트, 30 퍼센트, 혹은 1 퍼센트만 있어도 주님을 붙들 때
주님은 100 퍼센트로 역사하실 수 있는 분입니다. 주님은 온전
한 믿음을 원하십니다. 하지만 자신의 믿음이 깨어져 있는 상태
에서도 주님을 찾고 구하면 도와주십니다. 내 믿음의 크기가 아
니라, 나의 느낌이 아니라 겨자씨 같은 믿음이라도 있어서 주님
을 붙들면 주님은 영적으로 죽어 가는 교회와 성도를 반드시 살

려 내십니다. 아주 오랫동안 주님과의 관계가 죽어 가고 있을지라도 오늘 주님께서 "나사로야 나오라"고 명하신 것처럼 우리에게 말씀하시면, 우리는 어둠에서 나와서 다시 주님과 살아 있는 교제 속으로 들어갈 수 있습니다.

— 하나님의 은혜가 우리를 살리십니다.

14. 요한계시록 3장 2-3절을 읽어 보세요. 위기(Crisis) 가운데 있는 사데 교회가 다시 생명력 있는 믿음의 삶을 살도록 하기 위해 부탁하는 다섯 가지가 있습니다. 그것은 무엇인가요?

- -

예수님은 사데 교회에 다섯 개의 동사를 주십니다. '깨어라, 굳건하게 하라, 생각하라, 지키라, 회개하라.'[88] 이것은 모두 은혜의 명령어입니다.[89] 대럴 존슨은 그리스도인의 삶을 수상 스키에 비유하면서, 수상 스키를 타는 사람이 보트에 연결된 줄을 놓쳐도 몇 초 동안은 스키가 물 위에 잘 떠 있는 것에 주목합니다. 그러면서 이렇게 이야기합니다.[90]

배가 최고 스피드로 갈 때 로프를 손에서 내려놓아도, 수상 스키를 탄 사람은 물 위에서 30-40 야드까지도 갈 수 있습니다. 잘 나아가는 것처럼 보입니다. "야, 로프 없이도 간다!"라고 외치게 됩니다. 그러나 결국에는 물에 빠지고 맙니다. 우리는 언제든지 온전한 (신앙의) 삶을 떠나 가라앉을 수 있습니다. 우리는 주님과의 친밀한 관계 없이는, 그러한 관계가 주는 능력 없이는 온전한 삶을 살 수 없습니다.[91]

지금 사데 교회가 살아 있는 것처럼 보이지만 실상 죽어 있는 것은 성도들이 주님과의 친밀한 관계의 로프를 놓았기 때문입니다. 혹시 주님과의 교제의 줄이 끊어져 있지는 않습니까? 그렇다고 해도 아직 모든 것을 잃은 것은 아닙니다. 하나님의 은혜는 우리가 줄을 잃고 물속에 빠져 있을 때 그냥 버리고 떠나는 것이 아니라 우리를 건져 주기 위해 다시 돌아와 밧줄을 던져 주십니다.[92]

15. 호세아 6장 1절을 읽어 보세요. 신앙이 죽어 갈 때 우리가 돌아가야 할 곳은 어디인가요?

- -

하나님의 은혜를 안다면 우리가 해야 할 것이 있습니다. 은혜를 입으려면 우리는 반드시 아버지께 돌아가야 합니다. 우리의 믿음이 죽어 갈 때도 우리는 모든 것을 잃은 것이 아닙니다.[93] 주님의 은혜가 여전히 우리와 함께하시기에, 우리가 믿음 없는 삶 속으로 빠져 가고 있다는 것을 안다면 즉시 행동해야 합니다.[94] 찬송가 273장 1절의 가사가 우리의 고백이 되어야 합니다.

> 나 주를 멀리 떠났다 이제 옵니다. 나 죄의 길에 시달려 주여
> 옵니다. 나 이제 왔으니 내 집을 찾아 주여 나를 받으사 맞아
> 주소서(찬송가 273장 1절)

우리는 몸이 아프면 응급실(emergency)에 갑니다. 낫기 위해서 병원을 찾는 것입니다.

우리 영혼의 응급실은 성전입니다. 우리 하나님 아버지의 집입니다. 몸만 성전에 오는 것이 아니라 이제 마음을 돌이켜 아버지 품 안으로 돌아가야 합니다. "하나님, 내 마음이 멀리 떠나 있었습니다!"라고 고백해야 합니다.

── 예수님 안에 거하는 것abiding이 살아 있는 것living입니다.

16. 요한복음 15장 4-5절을 읽어 보세요. 예수님은 우리가 누구 안에 거하기를 원하십니까?

'깨어라, 굳건하게 하라, 생각하라, 지키라, 회개하라'는 다섯 개 동사를 한 가지로 정리하면 바로 예수님 안에 거하는 삶입니다. 아기가 태어나면 숨 쉬는 법이 바뀝니다. 이것은 기적입니다.

마찬가지로 우리의 영혼이 거듭나는 순간 영적인 호흡법을 배워야 합니다. 그것은 주님 안에 거하며 주님께 묻고 살아가는 것입니다. 숨 쉬지(breathing) 않으면 죽은 것입니다. 내 영혼이 주님과 함께 숨을 쉬어야 합니다. 주님과의 살아 있는 교제가 있어야 살아 있는 것입니다.

혹시 우리는 하나님과 대화 없이 살아가는 것에 너무 익숙해져 있는 것은 아닐까요? 그것은 기독교 신앙의 가장 중요한 호흡법을 모른 채 신앙생활을 하는 것입니다. 예수님과 함께 호흡하고 동행하는 삶을 살면 내 영혼은 늘 살아 있게 됩니다. 그럼 어떻게 해야 예수님 안에 거하며, 그분과 함께 호흡하고 동행하는 삶을 살 수 있을까요?

── 성령님이 생명을 주십니다.

17. 요한계시록 3장 1절을 다시 한번 읽어 보세요. 예수님을 어떤 분으로 소개하고 있나요?

요한계시록 3장 1절은 예수님의 정체성에 대한 교훈입니다. 왜 예수님은 자신을 일곱 영과 일곱 별을 가지신 분으로 소개할까요? 특별히 죽어 있는 사데 교회를 향해 왜 이렇게 자신을 알리실까요? 앞에서 살펴본 것처럼 일곱 별은 일곱 교회의 사자입니다. 그리고 일곱 영은 성령님을 가리키는데, 일곱 교회를 다스리는 성령이시기에 일곱 영으로 표현하고 있습니다.[95] 존 스토트는 "침체된 교회는 성령으로 새롭게 되고, 잠자는 교회는 성령으로 깨어나게 되며, 연약한 교회는 성령으로 강건케 되고, 죽은 교회는 성령으로 살아날 수 있다."고 이야기합니다.[96]

18. 로마서 8장 9절을 읽어 보세요. 그리스도인을 정의할 때 무엇을 강조하나요?

19. 사도행전 2장 33절을 읽어 보세요. 오순절날 교회에 성령을 부어 주신 분은 누구인가요?

그리스도인과 교회에 생명력을 주시는 분은 성령님입니다. 예수님은 왜 여기서 성령님과 한 분이심을 강조하고 있을까요? 교회는 성령님이 함께하셔야 살아 있는 공동체가 될 수 있습니다. 성령님은 생명을 주시는 영입니다. 우리의 죽은 행위를 살려 내어 생명으로 고동치게 하실 수 있는 분입니다.

예수님은 사데 교회를 향해 이제 형식으로 사는 것을 멈추고 성령으로 기도하고, 성령으로 전파하고, 성령으로 예배하고, 성령 안에서 살고, 성령으로 행하라고 말씀하십니다. 그래야 교회가 살 수 있다고 하십니다.

20. 유다서 1장 20-21절, 요한복음 4장 24절, 빌립보서 3장 2-3절, 갈라디아서 5장 16절을 읽어 보세요. 그리스도인은 기도, 예배, 봉사, 행함에 있어 누구를 의지하면서 하라고 말하나요?

21. 고린도전서 15장 45절을 읽어 보세요. 예수님을 어떤 분으로 표현하고 있나요?

----

22. 에스겔 37장 1-5절을 읽어 보세요. 무엇이 뼈들을 살게 하나요?

하나님은 아담의 코에 생기를 불어넣어서 그를 살게 하셨습니다. 그리고 마지막 아담으로 오신 예수 그리스도는 성령님을 통해 우리의 영이 살아날 수 있음을 알려 주십니다. 성령님은 '살리는 영(a life-giving Spirit)'이십니다. 우리는 성령님의 도우심이 필요합니다. "오직 성령으로 충만함을 받으라"(엡 5:18)는 말씀은 매우 중요합니다. 성령 안에서 사는 것이 바로 그리스도인의 삶입니다. 이러한 사람은 날마다 살아 있는 여호와의 군대가 될 것입니다.

사데 교회를 바라보시는 주님은 여호와의 군대를 보시는 것입니다. 죽어 있다고 말씀하시지만 살아 있는 교회를 보시는 것입니다. 이것이 주님의 꿈입니다. 우리가 영적으로 살아 있는 것이 주님의 꿈입니다. 살아 있는 것이 이기는 것입니다. 내 믿음이 살아 있는 것이 승리하는 성도, 이기는 교회가 되는 것입니다.

23. 요한계시록 3장 5절을 읽어 보세요. 이기는 자에게 주시는 선물은 무엇인가요?

흰 옷은 '청결함', '축제', '승리', '순결' 등 여러 가지를 상징합니다(참고, 계 7:14).[97] 성령 안에서 주님과의 생명력 있는 교제가 회복된 그리스도인은 죄를 미워하고 주님을 사랑하는 삶을 살고자 애쓰게 됩니다.

— 성령님이 이기게 하십니다.

주님은 오늘 우리가 살아 있고 생명력(vitality) 있는 그리스도인이 되기를 원하십니다. 형식과 제도를 보란듯이 잘 지켜서 '살아 있는 것처럼 보이는' 종교인이 아니라 정말 주님을 사랑해서 믿음의 길을 걷는 평생의 예배자, 평생의 순례자, 평생의 선교사가 되기를 원하십니다. 그리고 그러한 삶은 반드시 성령님을 통해서만 가능합니다. 성령님은 영적으로 죽어 가는 그리스도인을 살려서 주님의 군사로 삼으실 것입니다. 오늘 무엇에 취해 있습니까? 주님은 우리에게 분명히 말씀하십니다.

··· 오직 성령으로 충만함을 받으라(엡 5:18)

성령께서 우리 안에 역사하실 때 우리는 반드시 일어나는 그리스도인, 살아 있는 그리스도인, 승리하는 그리스도인이 될 것입니다.

여러분의 삶에서 가장 살아 있는(vital) 영역은 무엇입니까? 오늘 기름(gas)값이 얼마인지 압니까? 최근 집값이 얼마인지 압니까? 우리는 물질적인 것에는 매우 '살아' 있습니다. 그런데 주님과의 관계에도 그렇게 살아 있나요? 만약 주님과의 사랑의 교제가 죽어 가고 있다면 우리 자신을 잘 살펴보아야 합니다. 물질이 나를 지배하고 있지는 않은지, 상처와 쓴 뿌리가 나를 지배하고 있지는 않은지, 쾌락(pleasure)이 나를 지배하고 있지는 않은지, 평안 속의 방종에 머물러 있지는 않은지, 혹시 우리 안에 은밀한 죄악은 없는지, 겉으로는 신앙생활을 잘하는 것 같은데 하나님이 보실 때 감추고 싶다거나 거리낌이 있는 중독된 삶은 없는지 살펴보아야 합니다. 오늘 조용히 주님 앞에서 우리 자신을 돌아보고, 기도하는 시간을 갖도록 합시다.

주님, 혹시 나는 살아 있다고 하지만 사데 교회처럼 죽은 자는 아닌지요? 주님, 나를 성령으로 충만케 하옵소서. 주님, 내 안의 은밀한 죄를 주 앞에 고백하며 나아갈 때 성령으로 말미암아 이 죄의 돌들이 다 깨어지게 하시고, '나를 부르시는' 주님의 음성을 듣고 하나님 아버지께로 달려가게 하옵소서. 주님이 나에게 던지시는 '은혜의 줄'을 잘 붙잡고, 오직 주님만이 나를 살리실 수 있는 분임을 믿고 나아갈 때 나를 막고 있는 중독의 돌들이 무너지고, 나를 회복시키시는 주님의 임재 가운데 거하게 하옵소서. 구원의 즐거움을 회복시켜 주옵소서. 내 속에 있는 모든 것이 주님을 찬송케 하옵소서.

◇◇◇◇◇

… 내가 보는 것은 사람과 같지 아니하니 사람은 외모를 보거니와

나 여호와는 중심을 보느니라 하시더라

삼상 16:7

제6장

빌라델비아 교회:
열린 문을 주신 교회

복음을 전하는 것은 교회의 사명입니다. 빌라델비아 교회는 교통의 중심지였습니다. 하나님은 그 지리적 특성을 복음 전하는 도구로 사용하셨습니다. 그리고 그 교회를 향해 언제나 열린 문을 두셨다고 말씀하십니다. "내(하나님)가 네 앞에 열린 문을 두었으되 능히 닫을 사람이 없으리라"(계 3:8)는 축복은 성도가 누려야 할 평생의 은총입니다. 가난해도 배고파도 교회가 끝까지 감당해야 할 사명은 예수 그리스도의 복음을 전하는 것임을 잊지 말아야 합니다.

— 그리스도인은 잃어버린 영혼을 구원으로 인도하는 '복음 전파 Evangelism'의 삶을 살아야 합니다.

예수님은 복음 안에 있는 은혜의 풍성함, 영광의 풍성함을 열 수 있는 열쇠를 가지신 분입니다. 그 예수님이 지금 구원의 문을 활짝 열어 놓으셨습니다. 하나님은 아직도 예수님을 모르는 사람들이 복음을 듣고 그 구원의 문으로 들어가기를 원하십니다. 그리고 주님은 이 '복음 전파'하는 일에 우리를 부르셨습니다. 교회의 본질적 사명은 복음 전파입니다. 지금 복음의 문이 열려 있음에도 전도하지 않는다면 우리는 자신의 구원에만 관심이 있는 그리스도인으로 전락하고 맙니다. 이것은 복음의 본질과 동떨어진 것입니다. 예수님이 구원의 문을 닫으실 날이 올 것입니다. 그때까지 성령님을 의지해 생명의 복음을 전하지 않겠습니까?

— 들어가기

최근 예수님을 전한 적이 있나요? 전도할 때 가장 어려운 점과 가장 보람 있는 점은 무엇인가요? 예수 그리스도의 복음을 전하기 위해 우리가 준비해야 할 것은 무엇일까요?

── 빌라델비아 Philadelphia

빌라델비아는 대략 B.C. 150년에 세워진 도시로, 이 도시를 세운 아탈로스 2세인 필라델포스왕의 이름을 따라 '형제 사랑'이라는 뜻인 빌라델비아로 도시의 이름을 지었습니다. 그 이유는 아탈로스 2세가 자신의 형 에우메네스에게 진실한 사랑을 보여 주었기 때문이라고 합니다.[98] 빌라델비아는 지리적으로 유럽과 동방을 오가는 관문이었기 때문에 전략적으로 중요한 도시였습니다. 특별히 변방에 위치한 브루기아인들에게 헬레니즘 문화를 전파하는 '선교적인 도시'의 성격을 띠고 있었습니다.[99] 그런 빌라델비아에 한 가지 큰 문제가 있었는데, 고대 그리스 역사가 스트라본은 빌라델비아를 '지진이 가득한 도시'라고 불렀습니다.[100] 주후 17년의 대지진으로 사데는 물론 빌라델비아도 완전히 파괴되다시피 했다고 합니다.[101] 이러한 지진의 공포감은 도시를 떠나 안전한 곳을 찾아 나갔다가 지진이 잦아들면 다시 돌아오는 삶을 반복하게 만들었습니다.[102]

── 우리가 의지할 분은 우리의 모든 것을 아시는 예수 그리스도 한 분입니다.

1. 요한계시록 3장 7절을 읽어 보세요. 예수님은 어떤 분으로 묘사되어 있나요?

예수님은 자신을 다윗의 열쇠를 가지신 이로 소개합니다. 이 상징적 이미지는 빌라델비아 교회에 주시려는 말씀과 연결되어 있습니다. 이 말씀은 이사야 22장 22절에서 엘리아김에게 주셨던 말씀과 관련이 있습니다. 히스기야왕 시대에 엘리아김은 왕을 돕는 중요한 직책을 맡았던 사람이었습니다. 하나님은 그에게 이 말씀을 주셨습니다.

> 내가 또 다윗의 집의 열쇠를 그의 어깨에 두리니 그가 열면 닫을 자가 없겠고 닫으면 열 자가 없으리라(사 22:22)

다윗의 열쇠는 무너질 수 없는, 무너지지 않는 권세를 상징합니다. 이 말씀은 우리가 주님을 어떤 분으로 믿고 따라야 하는지 가르쳐 줍니다. 주님은 모든 것을 아시고, 모든 것을 통치하시는 우리 인생의 주인입니다. 하나님은 빌라델비아 교회에 무엇을 말씀하고 싶으신 것일까요? 그리고 빌라델비아 교회를 통해 오늘을 살고 있는 우리에게 무엇을 선포하기 원하시는 것일까요? 이러한 질문을 생각해 보면서 다음 내용을 공부하도록 합니다.

2. 요한계시록 3장 8절을 읽어 보세요. 주님은 빌라델비아 교회에 대해 무엇을 알고 계시나요? 그래서 주님은 빌라델비아 교회를 책망하시나요, 칭찬하시나요? 또한 요한계시록 3장 10-11절을 읽어 보세요. 주님은 빌라델비아 교회의 어떤 점을 칭찬하시나요?

이 말씀은 한편으로는 격려의 말씀이지만 다른 한편으로는 두려운 말씀입니다. 주님은 우리의 모든 것을 알고 계십니다. 이 사실을 생각하면 우리는 한없이 자신을 부끄럽게 여길 것입니다. 그러나 하나님은 빌라델비아 교회를 칭찬하십니다. 작은 능력을 가지고 믿음을 지킨 것과 주님의 이름을 배반하지 않은 것을 격려하십니다.

3. 요한계시록 3장 8절을 다시 한번 읽어 보세요. 주님은 어떤 문을 빌라델비아 교회 앞에 두셨나요? 빌라델비아 교회가 어떻게 했기에 그러한 문을 두었다고 하시나요?

빌라델비아 교회 앞에 열린 문을 두신 이유는 하나님이 원하시

는 분명한 조건들을 충족시켰기 때문입니다. 첫째는 작은 능력을 가졌고, 둘째는 그 말씀을 지켰으며, 셋째는 그 이름을 배반하지 않았기 때문입니다.[103] 만일 오늘날 교회가 이런 조건들을 충족시킨다면 하나님은 오늘도 그 교회에 사역의 문을 활짝 열어 주시지 않겠습니까?[104]

4. 요한계시록 3장 8절을 보면 빌라델비아 교회는 '작은 능력'을 가지고 있었다고 말씀합니다. 여기서 '작은 능력'은 무엇을 의미할까요? 또한 '작은 능력'으로 어떻게 주님의 말씀을 지키며, 주님의 이름을 배반하지 않을 수 있었을까요?

- -

작은 능력을 가진 사람은 자신의 힘을 의지하지 않습니다. 오히려 하나님을 더욱 의지합니다. 곧 성령을 의지하며 신앙의 여정을 가려고 합니다. 하나님이 일하실 것을 믿고 성령을 더욱 의지하며 매일의 삶을 살아가는 자에게 주님은 반드시 '열린 문'을 그 앞에 두십니다. 그렇다면 '열린 문'은 무엇을 의미할까요? 계속해서 말씀을 살펴보겠습니다.

—하늘과 땅의 모든 권세를 가지신 예수 그리스도 한 분만이 구원의 문을 여실 수 있습니다.

5. 요한계시록 3장 7-8절을 다시 한번 읽어 보세요. 예수님은 누구의 열쇠를 가지신 분으로 소개되나요?

----

6. 이사야 22장 22절을 읽어 보세요. 하나님은 엘리아김에게 무엇을 약속하고 계시나요? 이사야 39장 2-6절을 읽어 보세요. 히스기야는 창고를 열고 그 안에 있는 보화를 누구에게 보여 주었나요?

예수님은 다윗의 열쇠를 가지신 분입니다. 앞에서 살펴본 것처럼 다윗의 열쇠는 무너질 수 없는, 무너지지 않는 권세를 상징합니다. 그렇다면 이 열쇠로 무엇을 열 수 있을까요? 이 열쇠는 무엇을 상징할까요?

이사야 22장 22절을 보면, 하나님께서 엘리아김에게 주셨던 놀라운 약속이 기록되어 있습니다. 그는 왕궁의 책임을 맡은 왕의 신복 가운데 한 사람이었습니다. 다윗의 후손인 히스기야왕은 그에게 왕궁의 모든 보화와 재물을 열 수 있는 열쇠를 맡겼습니다. 그런데 안타깝게도 이사야 39장을 보면 히스기야왕은 병들었다가 나았다는 소식을 듣고 자신을 방문한 바벨론 사람에게 그 보물 창고에 무엇이 들어 있는지 다 보여 주었습니다. 후일의 역사를 보면, 결국 바벨론이 그 모든 보화를 빼앗아 갑니다.

그렇다면 다윗의 열쇠를 주님이 가지고 계신다는 것은 무슨 의미일까요? 이것은 엘리아김에게 맡겨진 금이나 은을 보관하고 있는 창고의 열쇠가 아닐 것입니다. 적어도 이 세상 그 누구도 빼앗아 갈 수 없는 하나님의 은혜를 여는 열쇠일 것입니다. 구약에 표현된 다윗의 열쇠는 다윗의 후손으로 오신 메시아, 즉 예수 그리스도의 오심을 통해 천국의 것들을 여는 열쇠로 바뀝니다. 바로 하나님 나라의 모든 풍성함과 그 은혜의 풍성함, 복음 안에 있는 그 영광의 풍성함을 열 수 있는 열쇠이며, 그 모든 풍성함을 우리가 하나님 나라의 상속자로서 마음껏 누릴 수 있게 된 것입니다.[105] 할렐루야! 사람이 가진 열쇠는 도적이 빼앗아 갈 수 있지만 다윗의 열쇠는 빼앗을 자가 없습니다.

7. 다음 이야기를 읽어 보세요. 예수님이 가지신 열쇠의 가치는 어느 정도나 될까요?

2006년 9월 25일 월요일 아침, 복면을 쓴 네 명의 권총 강도가 영국의 더블린에서 북쪽으로 몇 마일 떨어진 곳에 살고 있는 마리 오닐(Marie O'neill)의 집에 침입한다. 그들은 소리를 지르며 순식간에 남편과 두 딸을 묶어 달아난다. 혼자 남겨진 마리 오닐은 왜 강도들이 자신의 집을 선택했는지 생각한다. 그 이유는 이 여인이 8센티미터도 채 되지 않는 작은 쇳조각을 가지고 있었기 때문이다. 가족 모두를 안전하게 풀어 주는 대가로 강도들이 원했던 것은 80만 파운드의 가치가 있는 작은 쇳조각, 작은 열쇠였다. 그 열쇠는 마리 오닐이 일하고 있는 은행의 금고 열쇠였다. 우리는 모두 자기들의 열쇠를 가지고 있다. … 그 열쇠의 가치는 전적으로 '그 열쇠로 열 수 있는 것이 무엇인가'에 달려 있다.[106]

예수님이 가지신 열쇠는 영원한 구원의 문을 열 수 있습니다. 그 열쇠는 하나님 나라의 모든 풍성한 은혜를 열 수 있습니다. 하나님 나라의 영광의 풍성함을 열 수 있습니다. 오늘 세상의 모든 문이 닫혔을지라도 우리를 향한 주님의 구원의 문, 은혜의 문, 영광의 문은 열려 있습니다.[107] 예수님은 이 모든 문을 열수 있는 키를 가지고 계시기 때문입니다. 빌라델비아 성도들이

작은 능력을 가지고도 믿음을 지키며 살 수 있었던 것은 이 열쇠를 가지신 예수님을 늘 의지했기 때문입니다. 만일 우리가 매일 자신의 약함을 고백하며 주님을 의지한다면, 반드시 주님의 은혜를 경험하게 될 것입니다.

── 예수님은 인생의 폭풍 속에서도 우리를 붙드시는 분입니다.

> 8. 요한계시록 3장 9-10, 12절을 읽어 보세요. 작은 능력을 갖고도 주님의
>   신실한 증인으로 살아가는 이에게 약속하신 축복은 무엇입니까?

- -

예수님은 빌라델비아 성도들에게 세 가지를 약속하십니다. 첫째는 하나님께서 그들을 사랑하신다는 것이 세상에 밝히 보여지게 되고(계 3:9), 둘째는 그들의 삶을 특별히 보호하며(계 3:10), 셋째는 하나님 성전에 기둥이 되게 하신다는 것입니다(계 3:12).

지진 때문에 수시로 도시를 떠났다가 다시 돌아와야 하는 두려움을 가진 이 교회의 성도들을 향해 주님은 말씀하십니다. "그가 결코 다시 나가지 아니하리라"(계 3:12). 윌리엄 바클레이는 이렇게 이야기합니다. "그것은 안전의 보증이다. 이것은 부활하신 주님께서 빌라델비아 사람들에게 이렇게 말씀하시는 것과 같다.

'내가 … 안전하게 지켜 주리라'.[108]

또한 주님은 "이기는 자는 내 하나님 성전에 기둥이 되게 하리니"라고 말씀하십니다. 당시에는 나라를 잘 섬긴 사람을 기념할 때 신전의 기둥에 그 사람의 이름을 적어 넣는 관습이 있었습니다.[109] R.H. 찰스는 이렇게 이야기합니다. "하나님께서 성전이고 이기는 자가 그 성전의 기둥이라는 것은 그들이 주님과 하나가 된 것을 의미합니다. 따라서 그 어느 것도 그들을 주님으로부터 떼어 놓을 수 없습니다."[110] 또한 '하나님의 이름', '새 예루살렘의 이름' 그리고 예수님의 '새 이름'을 그 기둥에 기록한다는 것은 그들이 '새 예루살렘의 시민'이며, 하나님의 소유이고, 예수님과 특별한 관계임을 나타냅니다.[111] 주님은 우리가 이러한 복을 맛보며 살기를 원하십니다. 이 은혜를 누리면서 이 세상을 믿음으로 넉넉히 이기며 살기를 바라십니다. 그런데 주님은 우리만 이 은혜를 누리며 살기를 원치 않으십니다.

── 예수님은 오늘도 전도의 문을 열고 계십니다.

9. 사도행전 16장을 읽어 보세요. 사도 바울은 어느 지역으로 전도 여행을 가고자 했나요? 성령님은 바울을 어디로 인도하셨나요?

바울은 전도하기 위해 비두니아로 가려고 합니다. 그런데 그때 성령님이 막으시는 것을 경험하게 됩니다. 즉 바울이 그곳으로 가려는 문을 닫으신 것입니다. 대신 하나님은 마게도냐에 대한 환상을 보여 주십니다. 이 말씀의 의미는 바울에게 열린 문이 있다는 것입니다. 모든 것이 닫혔는데 유럽의 문이 열린 것입니다. 바울은 그 열린 문으로 나아갔고, 마게도냐의 빌립보 교회를 시작으로 유럽에 급속도로 복음이 전파되기 시작합니다.

10. 고린도전서 16장 8-9절을 읽어 보세요. 바울이 오순절까지 에베소에 머물고자 한 이유는 무엇인가요? 그곳은 바울에게 우호적인 곳이었나요?

바울이 오순절까지 에베소에 머물고자 한 이유는 그곳에 사역의 문이 열려 있었기 때문입니다. 그래서 비록 바울을 대적하는 자, 복음을 대적하는 자가 많아도 그곳에 머물기로 결정한 것입니다. 바울은 주님께서 열어 놓으신 사역의 문, 전도의 문을 소중히 여기고 환경에 따라 결정하는 것이 아니라 주님의 부르심에 따라 인생의 방향을 결정했습니다.

빌라델비아는 헬레니즘 문화를 전달하는 도시였습니다. 그러나 주님은 이 도시를 헬레니즘이 아닌 복음을 전하는 도시로 변화시키고 계십니다.[112] 빌라델비아 교회 앞에 열린 문을 두셨다고 말씀하십니다. 주님은 그 열린 문을 오늘날 우리 앞에도 두십니다.

11. 요한계시록 3장 8절을 다시 한번 읽어 보세요. 주님은 지금 우리 앞에 어떤 문을 두셨나요?

예수님은 모든 믿는 자에게 천국 문을 열어 두셨습니다. 요한계시록 3장 8절의 시제는 완료형으로 그 문은 지금까지 열려 있습니다.[113] 그 문 앞에 지금 예수 그리스도께서 서 계십니다. 죄 없으신 그분이 우리의 죄를 위해 죽고 부활하셨기에 이제 어떤 죄인도 예수의 피를 힘입으면 하나님의 지성소 앞에 나아갈 수 있습니다(히 10:19-20).[114] 그 열린 문의 열쇠는 '주님의 것'이지만 선택은 우리의 몫입니다.[115] 이 일에 쓰임을 받을 것이냐, 안 받을 것이냐는 우리의 선택입니다.

모든 그리스도인은 세상의 고통과 눈물을 외면해서는 안 됩니다. 영원한 생명을 얻지 못한 사람들의 내면의 공허감을 채워 줄 수 있는 것은 복음밖에 없습니다. 존 스토트는 "모든 그리스도인은 세계 복음화에 깊이 헌신한다는 점에서 '세계적인 그리스도인'이 되어야 한다."고 이야기합니다.[116] 곧 모든 사람이 복음을 전파하기 위해 타 문화권으로 직접 들어가야 하는 부르심을 받지는 않았지만, 열린 문들로 반드시 복음이 들어갈 수 있도록 기도와 헌금과 격려로 그 책임을 분담해야 한다는 것입니다.[117] 또한 존 스토트는 "그리스도인은 동시에 '지역적인 그리스도인'이 되어 자기 마을과 이웃에게 관심을 기울여야 한다."고 이야기하면서, "이것이 바로 예수님이 빌라델비아 교회와 이 땅의 모든 교회에 주시려는 메시지였다."고 말합니다.[118]

> 12. 요한계시록 3장 11-13절을 읽어 보세요. 주님이 다시 오실 때까지 교회와 성도는 무엇을 해야 하나요?

다윗의 열쇠를 가지신 주님께서 말씀하십니다. 지금 구원의 문이 열려 있고 복음을 전하는 일을 교회와 우리에게 부탁하셨습니다. 존 스토트는 이야기합니다. "그러나 어느 날 그 구원의 문은 닫힐 것이다. 예수님이 직접 닫으실 것이다. … 그분이 닫으면 열 사람이 없다. 입장도 추방도 주님의 권한이다."[119] 구원의 문과 선교의 문이 닫히는 날이 올 것입니다. 그날이 오기 전

에 교회가 일어나야 합니다. 성도가 일어나야 합니다. 그리고 하나님이 열어 주신 그 문으로 나아가 예수 그리스도의 복음을 전해야 합니다. 주님, 복음을 전하는 성도, 복음을 전하는 교회로 회복시켜 주옵소서!

— 전도는 세상을 이깁니다.

우리 앞에 열린 문이 있습니다. 그 문은 세상을 향하는 문이 아니라 구원을 향한 문입니다. 예수 그리스도의 복음을 전하는 문이 열린 것입니다. 놀라운 구원을 어떻게 우리만 가지고 살아갈 수 있겠습니까! 하나님은 우리가 복음을 가지고도 침묵하며, 세상에 전하지 않는 이기적인 성도가 되지 말라고 하십니다. 주님은 그분이 다시 오시는 날까지 잃어버린 영혼의 구원을 위해 기도하는 성도, 그들에게 복음을 전하는 따뜻한 성도가 되어 주기를 원하십니다. 세상에서 죽어 가는 잃어버린 영혼에게 오늘 복음을 전하는 도구로 살겠다고 결단하지 않겠습니까?

1. 오늘 복음을 전한다면 누구에게 복음을 전하고 싶나요? 그리고 어떻게 복음을 전하고 싶나요? 앞으로 1년 동안 전도하고 싶은 사람이 있다면 이름을 적어 보세요. 그리고 먼저 기도로 전도를 시작해 보세요.

- -

2. "구원의 문으로 들어오고 섬김(전도)의 문으로 나가라."[120] 예수 믿고 거듭난 사람들의 가장 중요한 사명은 예수님을 전하는 것입니다. 우리가 예수님을 전하지 않을 때 교회 안에서 분쟁이 일어나는 것을 종종 경험합니다. 예수님을 전하는 본질적인 사명을 잊고 있으면 비본질적인 일에 시간을 낭비하게 되기 때문입니다. 복음을 전하는 데 두려움이나 염려할 일은 없나요? 있다면 무엇인가요? 또한 어떻게 하면 그러한 것들을 극복할 수 있을까요?

- -

　주님, 우리에게 구원의 열린 문을 두셨는데, 주님의 부르심에 아무런 반응 없이 교회에 다니는 자가 아니라 믿지 않는 이웃을 보고, 잃어버린 영혼이 있는 선교지를 보게 해주옵소서. 더 이상 환자처럼 신앙생활하지 않고, 여호와의 군대처럼 일어나게 하옵소서. 내가 예수의 이름으로 깃발을 들고 싸우는 빌라델비아 교회가 되게 해주옵소서. 부활하신 예수를 전하는 자로 오늘 일어나게 해주옵소서. 나에게 주신 사명, 우리 교회에 주신 사명을 기억하며 일어나서 활짝 열린 하나님 나라의 복음을 입으로, 삶으로 전하게 하옵소서.

◇◇◇◇◇

볼지어다 내가 네 앞에 열린 문을 두었으되

능히 닫을 사람이 없으리라…

계 3:8

제7장

라오디게아 교회:
예수님이 주인 되신 교회

"귀 있는 자는 성령이 교회들에게 하시는 말씀을 들을지어다"(계 3:22)라는 말씀은 우리가 정신 차리고 들어야 하는 주님의 경고입니다. 아주 과격한 용어로 표현하시는 주님의 마음은 그만큼 교회를 위험하게 보신다는 증거입니다. 그것은 라오디게아 교회를 향한 말씀이며 동시에 이 말씀을 읽고 있는 우리를 향하신 말씀입니다. 미지근한 믿음이 설 자리가 없다는 것을 알려 주시는 이 말씀 앞에 영혼이 깨어나는 복이 있기를 소망합니다.

— 그리스도인의 삶은 예수님을 '주님Lord'으로 모신 삶입니다.

그리스도인의 삶은 예수님께 삶의 주권을 드리는 삶입니다. 그래서 주님께 마음의 모든 문을 활짝 열고, 예수님을 전심으로 갈망하고 열심으로 사랑하는 삶입니다. 예수님이 주님이시기에 세상의 것으로 자랑하지 않고 오직 예수 그리스도 한 분을 자랑하는 삶입니다. 사는 동안 다양한 시련이 찾아와도 주님 되신 예수님을 붙잡고 시련을 통과해 정금같이 나오며, 이 세상이 보지 못하는 복음의 부요함을 누리고 주님과 함께 통치하는 삶을 사는, 즉 예수 중심의 열정(passion)을 가지고 사는 것이 그리스도인의 삶입니다.

— 들어가기

여러분은 뜨거운 커피와 차가운 커피 중 어느 것을 더 좋아하나요? 왜 그런가요? 만약 누군가 미지근한 커피를 준다면 어떤가요?

— 라오디게아Laodicea

B.C. 250년경에 안티오코스 2세가 세운 라오디게아는 그의 아내의 이름을 따서 지은 도시명으로 알려져 있습니다.[121] 윌리엄 바클레이는 이 도시의 특징을 다음과 같이 이야기합니다. "첫째, 가장 많은 은행이 있을 만큼 상업적이며 부요한 도시였다.

둘째, 옷감과 피륙 산업이 발전하여 좋은 양털로 만든 외투가 세계로 수출되었다. 셋째, 유명한 안약 산업의 고장이며 아스클레피오스와 동일시된 '멘'이라는 치유의 신을 기념했기에 유명한 의학 학교를 보유하고 있었다."[122]

그러나 라오디게아 도시에 한 가지 문제점이 있었는데, 그것은 바로 '물'이었습니다. 이 도시 자체에 수원이 없어 근처 도시에서 긴 수로를 통해서 물을 끌어와야 했는데, 10킬로미터 정도 떨어진 히에라폴리스에서는 따뜻한 물이, 16킬로미터 정도 떨어진 골로새 지역에서는 차갑고 신선한 물이 왔다고 합니다.[123] 따뜻한 물과 차가운 물은 그 자체로 쓸모가 있지만 이 물이 라오디게아 지역에 도착했을 때는 뜨거운 물도, 차가운 물도 모두 미지근해져 있었다고 합니다.[124] 주님은 라오디게아의 미지근한 물처럼 라오디게아 교회도 미지근한 교회라고 말씀하십니다. 왜 이러한 말씀을 하셨을까요?

—— 라오디게아 교회

1. 요한계시록 3장 14-22절을 읽어 보세요. 라오디게아 교회를 향해 주님이 칭찬의 말씀을 하시나요?

- -

라오디게아 교회에 대한 칭찬의 말씀은 전혀 보이지 않습니다. 오히려 주님의 마음이 아주 급하다고 느껴질 정도로 과격하고도 공격적으로 교회를 책망하십니다.[125] 이 말은 그만큼 교회의 상태가 위급하다는 증거가 아니겠습니까?

2. 디모데후서 4장 3-4절을 읽어 보세요. 마지막 때의 특징에는 어떤 것이 있나요?

오랫동안 부유하고 안정적인 삶 속에 빠져 있어서 미지근하게 된 라오디게아 교회의 모습은 어쩌면 디모데후서 4장 3-4절의 모습이 아니었을까요? 레이 C. 스테드먼은 일곱 교회에 대한 편지 내용이 교회의 일곱 시대를 말하는 것이라면, 라오디게아 교회는 우리가 사는 시대의 교회 현실을 상징하는 것이라고 설명합니다.[126] 곧 가장 자기 마음대로 살아가는 시대로, 신앙의 권태기에 빠진 기독교의 모습이 바로 라오디게아 교회의 모습이라는 것입니다. 이러한 교회에 대해 예수님은 일곱 교회 편지 가운데 가장 강하고 과격한 용어로 말씀하셨고, 동시에 가장 소중한 축복을 제안하십니다.[127]

—예수님은 교회의 참 주인이십니다.

3. 요한계시록 3장 14절을 읽어 보세요. 예수님은 어떤 분이신가요?

　　예수님은 자신을 '아멘'으로 소개합니다. 아멘은 '그렇게 되기를 원합니다', '진심으로' 등의 의미가 있습니다. 곧 예수님이 아멘이시면, 주님이 하신 말씀은 진실로 그렇게 될 것입니다. 예수님을 아멘으로 소개한 이유는 혼란스러운 시대에 예수님이 가장 믿을 수 있는 참 의지의 대상이시기 때문입니다.[128] 또한 주님을 충성되고 참된 증인으로 표현하고 있는데, 이는 요한계시록 1장 5절에서 이미 말씀하신 것입니다. 다시 확인해 주시는 이유는 예수님보다 하나님에 대해 신실하게 말해 주실 이가 없다는 것입니다. 또한 이 말씀은 예수님을 하나님의 창조의 근본이신 분으로 소개합니다. 근본은 시간적으로 처음이라는 의미도 있지만 '처음 시작'을 의미하는 것으로, 예수님이 창조주임을 의미하기도 합니다.[129] 레이 C. 스테드먼은 이 표현이 예수님의 부활을 의미한다고 이야기하는데, 그 이유는 부활이 새로운 창조이기 때문입니다.[130]

　　아멘이시고, 충성되고, 참된 증인이며, 하나님 창조의 근본이신 이가 말씀한다면 그 말을 피할 길이 있겠습니까? 예수님은 라오디게아 교회를 향해 단단히 하실 말씀이 있으신 것입니다. 그렇다면 우리에게도 하실 말씀이 있지 않겠습니까? 라오디게아 교회에 하시는 말씀은 어쩌면 신앙을 가볍게 여기는 우리에게 하시는 말씀이 아닐까요?

── 예수님은 우리의 속사람을 보십니다.

> 4. 요한계시록 3장 15-16절을 읽어 보세요. 예수님은 라오디게아 교회의 상태를 어떻게 진단하시나요? 요한계시록 3장 17절을 읽어 보세요. 라오디게아 교회 성도들은 자신들의 모습이 어떠하다고 생각하나요?

예수님이 보시는 라오디게아 교회 성도들은 미지근하여 뜨겁지도 아니하고 차지도 아니한 모습입니다. 그래서 토할 정도라고 표현하십니다. 이것은 주님이 사용하시는 언어로 느껴지지 않을 정도입니다. 앞에서 라오디게아 지역의 지리적 특성상 물을 어떻게 공급 받았는지에 대해 이야기를 했습니다. 히에라폴리스에서 출발한 뜨거운 온천수는 수로를 타고 라오디게아에 도

착하면 미지근해집니다. 이 미지근한 물은 뜨거운 물처럼 약효 (medicinal)가 있지 않으며, 차가운 물처럼 시원(refreshing)하지도 않다고 이야기합니다.[131] 그래서 토하고 싶은 물입니다. 그런데 라오디게아 교회의 모습이 바로 이 토하고 싶은 미지근한 물과 같은 상태라는 것입니다.

5. 요한계시록 3장 17절을 다시 한번 읽어 보세요. 라오디게아 교회의 진짜 모습이 어떠하다고 말씀하나요?

- -

라오디게아 교회의 상황은 매우 심각합니다. 구체적인 것은 몰라도 지금 반드시 고쳐야 할 것이 있는 심각한 상황입니다. 그런데 자신을 제대로 알지도 못한 채 자신은 모든 것을 가졌다고 생각합니다. 안약 치료제가 있는 도시, 값비싼 양털을 이용한 제조업으로 부자가 된 도시, 그래서 교만이 이 도시의 분위기였습니다. 이들은 부족한 것이 없다고 말하면서 자신들의 영혼은 보지 못했습니다. 모든 것을 가졌다고 말하는데 그 안에 예수님이 없다면, 이는 얼마나 위험한 말일까요? 그런데 우리도 이럴 때가 있습니다. 내 속사람이 보이지 않을 때가 있습니다. 그러나 예수님은 우리의 모든 것을 보십니다.

6. 로마서 12장 11절을 읽어 보세요. 우리는 어떻게 믿음 생활을 해야
   하나요? 고린도후서 1장 20절을 읽어 보세요. 우리는 어떻게 하나
   님께 영광을 돌릴 수 있나요?

---

7. 요한계시록 3장 19절을 읽어 보세요. 주님은 라오디게아 성도들이
   어떻게 하기를 바라시나요?

라오디게아 교회가 뜨겁지도 차갑지도 않고 미지근한 이유
는 주님을 향한 영적 갈망이 없었기 때문입니다. 자신에게 부족
함이 없다고 느끼는 순간, 부요함과 인생의 안전지대에 머물면
서 자신도 모르게 세상을 즐기는 것에 묶이게 됩니다. 곧 부요함
이 이들을 영적으로 나태하게 만든 것입니다. 예수님은 라오디
게아 교회 성도들이 열심(롬 12:11; 계 3:19)을 내어 주를 갈망하고
사랑하기를 원하셨습니다. 하나님께서 주신 수많은 약속의 말씀

을 붙들고 좇아가면서 가슴이 뜨거운 신앙인으로 살기를 원하셨습니다(고후 1:20).

라오디게아는 일곱 교회가 있던 도시들 가운데 실제로 가장 부요한 도시였습니다. 경제적으로 자립해 스스로를 충족시킬 수 있는 능력을 가진 도시였습니다. 아마 라오디게아 교회도 마찬가지였을 것입니다. 회비를 안 받고도 수련회를 할 수 있고, 성전 건축과 선교 프로젝트도 누구의 도움 없이 할 수 있는 교회였습니다. 라오디게아 교회 성도들은 누구에게도 손을 벌리지 않고 풍족하게 살면서, 차분하게 신앙생활을 할 수 있는 사람들이었을 것입니다. 그러나 주님은 이들이 가난하고 불쌍한 사람이며, 정말로 보아야 하는 것을 보지 못하고 있다고 말씀합니다. 그 이유는 주님을 떠나 있기 때문입니다.

8. 요한계시록 3장 20절을 읽어 보세요. 지금 예수님은 어디에 계십니까?

이 장면은 충격적입니다. 지금 예수님은 라오디게아 교회의 문 밖에 서서 문을 두드리고 계십니다. 교회 안에 계신 것이 아니라 교회 밖에 계신 것입니다. 주님에 대한 갈망과 사랑 없이 종교 생활을 하는 사람은 예수님을 삶 속에서 경험하지 못한다

는 것입니다. 예배에 빠지지 않고 나오는 '옳은' 형식은 수년 동안 고수하고 있지만 한 번도 '예수님께 전심을 주지 않는 삶' 속에는 주님의 자리가 없습니다. '자기만족감'에 빠져 주님이 무슨 말씀을 하시는지에는 관심이 없고, 주님 없이 신앙생활을 하고 있는 것입니다.[132] 자기 생각대로 신앙생활을 하기에 참 믿음을 떠난 종교 생활을 하고 있는 것입니다. 이러한 종교 생활은 더 이상 성령의 새롭게 하심을 경험하지 못하게 합니다.

9. 호세아 2장 5절을 읽어 보세요. 가장 많이 나오는 단어는 무엇인가요? 빌립보서 2장 21절을 읽어 보세요. 많은 사람이 무엇을 구하고 있나요? 또한 무엇은 구하지 않고 있나요?

- -

호세아서에 기록된 북이스라엘의 모습은 라오디게아 교회의 모습과 여러 부분에서 닮았습니다. 호세아서는 북이스라엘이 부국이었을 때의 이야기를 다루고 있습니다. 그 부요함이 하늘을 찌를 정도였지만 그들의 마음은 이미 주님을 떠나 있었습니다. 예배의 형식은 있었지만 전심으로 주님을 구하지는 않았습니다.

호세아 2장 5절은 주님을 떠난 삶의 본질을 말씀합니다. 그것은 바로 '나 중심'의 삶입니다. 5절에 '내'라는 단어가 일곱 번이나 나옵니다. 빌립보서 2장 21절도 교회에 다닌다고는 하지만 여전히 자신의 것, 내 것을 구하는 많은 사람의 모습을 말씀하고 있습니다. 예수님이 없는 종교 생활에는 온통 '나의 것'만 있고 '예수님의 것'은 없습니다.

— 예수님을 주님으로 모신 성도는 '그럼에도 불구하고'의 신앙으로 살아갑니다.

> 10. 요한계시록 3장 17절을 다시 읽어 보세요. 여기에 등장하는 접속사는 무엇인가요? 열왕기하 5장 1절을 읽어 보세요. 어떤 접속사가 나오나요?

라오디게아 교회는 자신을 부자라고 말하지만, 주님께서 볼 때는 'But'(그러나, 하나)을 가진 교회였습니다. 마찬가지로 나아만 장군은 큰 용사이지만 'But'(그러나, 이나)을 가진 사람이었습니다. 여기서 But(그러나)은 부정적인 의미로 쓰였습니다. 아무리 스스로 부자라고 생각해도 영적으로 가난한 자이고, 아무리 세상에서 인정받는 용사여도 병자인 것입니다. 주님은 라오디게아 교회에 사용한 부정적 의미인 But(그러나)이라는 단어를 긍정적 의

미의 Nevertheless(그럼에도 불구하고)로 바꾸고자 하십니다. 어떻게 해야 이것이 가능할까요?

11. 누가복음 15장 21-22절을 읽어 보세요. 21절과 22절 사이에 있는 접속사는 무엇인가요? 고린도후서 4장 7-10절을 읽어 보세요. 가장 많이 등장하는 접속사는 무엇인가요?

누가복음 15장 21절과 22절 사이에는 접속사 '하나(But)'가 있습니다. 그리고 고린도후서 4장 8-9절에는 '당하여도(But)'가 많이 등장합니다. 사실 이들 문맥을 보면 접속사 But을 직역하는 것보다는 '그럼에도 불구하고(nevertheless)'라는 의미로 보는 것이 더욱 적절해 보입니다. 그렇다면 탕자는 어떻게 이 '그럼에도 불구하고'를 경험할 수 있었을까요? 그것은 모든 부정적인 것을 바꿀 수 있는 어떤 것을 가져야 하는데, 바로 탕자의 아버지였습니다. 이 아버지는 하나님 아버지를 나타냅니다. 고린도후서에서는 바로 예수 그리스도를 가졌기에 '그럼에도 불구하고'라는 단어를 쓸 수 있었습니다. 예수님을 모신 사람은 모든 어려움 뒤에 '그럼에도 불구하고'가 옵니다. 그분으로 말미암아 '그러나'는 '그럼에도 불구하고'로 바뀝니다.

— 예수님이 주인 된 사람, 예수님을 모신 교회가 '승리'합니다.

12. 요한계시록 3장 18-19절을 읽어 보세요. '그럼에도 불구하고'의
    신앙으로 변화시키기 위해 주님께서 라오디게아 교회에 요구하시
    는 것은 무엇인가요?

    ----

13. 욥기 23장 10절, 갈라디아서 3장 26-27절, 마태복음 5장 8절을
    읽어 보세요. 요한계시록 3장 18절을 볼 때, 이들 말씀 중에 라오
    디게아 교회에 필요한 것이 있나요? 있다면 무엇인가요?

먼저 주님은 세 가지를 "사라(buy)"고 말씀하십니다. 그리고
열심을 내어 회개하고 마음의 문을 열라고 하십니다. 흥미로운
점은 라오디게아 교회 성도들에게 충분히 있다고 생각하는 세
가지를 사라고 말씀하신 것입니다. 사실 돈이 많은 라오디게아
사람들에게 무엇을 산다는 것은 취미와도 같은 일입니다. 그런
데 예수님이 사라고 하신 것은 라오디게아 교회 성도들이 가진

돈으로는 절대로 살 수 없는 것이었습니다. 값을 지불해야 하는데, 그 값은 오직 열심을 내어 회개해야 지불할 수 있는 것입니다. 자신들이 의지하고 붙들고 있는 것을 내려놓는 '값'을 지불해야만 가질 수 있는 것이었습니다.

욥기 23장 10절을 보면, 주님께서 단련하실 때 우리가 정금같이 되는 것을 알 수 있습니다. 그렇다면 주님은 지금 라오디게아 교회가 고난 가운데로 들어가기를 원하고 계십니다. 부자라서 믿음으로 말미암은 시련을 겪지 않고 편안하게 흘러가는 대로 살고 있다면, 세상의 트렌드를 따라 아무 생각 없이 살고 있다면 그것은 가장 소중한 믿음을 잃어버린 삶입니다. 사실 구약 성경에서 금은 '믿음'을 상징하기도 합니다. 주님은 라오디게아 교회 성도들이 믿음으로 살기를 원하십니다. 주님은 라오디게아 교회가 무너진 내적인 모습에 애통해하며 회개하여 마음이 청결한 자로 살기를 원하십니다. 우리의 수치를 덮을 수 있는 것은 오직 예수 그리스도로 옷 입는 것뿐임을 믿습니다.

14. 요한계시록 3장 20절을 읽어 보세요. 주님은 금과 흰 옷과 안약을 살 수 있는 방법을 가르쳐 주십니다. 그 방법은 무엇인가요?

주님은 문을 살살 두드리시지 않습니다. 주님은 교회의 문을 쾅, 쾅, 쾅 두드리십니다. 그리고 우리의 마음의 문을 두드리십니다. "나도 좀 들어가자. 내가 이 교회의(너의) 주인이 아니냐?" 우리의 인생을 보면 주님 없이 내가 살려고 하는 순간이 얼마나 많습니까? 그때마다 우리 마음을 두드리는 주님이 계십니다. 우리가 '곤고한 것과 가련한 것과 가난한 것과 눈먼 것과 벌거벗은 것'에서 나와서 믿음으로 살 수 있는 유일한 길은 우리 마음의 문을 주님께 활짝 여는 것입니다. 세상에서 화려하고 좋아 보이는 것만 좇아가는 자가 아니라 예수님을 좇아가면서 믿음으로 오는 시련을 감당하는 자가 되어야 합니다. 예수님을 전심으로 사랑하는 사람은 반드시 그분의 길을 좇아갈 줄로 믿습니다.

15. 요한계시록 3장 21-22절을 읽어 보세요. 이기는 자에게 주시는 약속은 무엇인가요?

보좌는 권세를 상징합니다. 이것은 주님의 보좌입니다. 곧 믿음으로 살려고 애쓰는 자는 하나님의 자녀가 되어 주님과 함께 세상을 다스리는 사람이 됩니다. 음부의 권세가 이기지 못합니다. 이것이 하나님이 함께하시는 교회입니다. 이러한 교회가 어

뎧게 미지근할 수 있겠습니까? 승리하고 있는데 어떻게 감격하지 않을 수 있겠습니까? 주님을 의지하는 교회와 성도는 날마다 승리를 향해 걸어가고 있는 것입니다.

— 나의 주권을 주님께 드릴 때 승리하는 삶이 시작됩니다.

예수님이 원하시는 것은 주님의 자녀가 미지근한 신앙의 삶에서 벗어나 주를 향해 열심을 품고 믿음으로 이 세상을 살아가는 것입니다. 내 삶을 내가 주관해서 믿음으로 오는 시련을 피하고 편안하고 안락하게 세상의 흐름이나 경향(trend)대로 사는 것이 아니라 예수의 이름으로 세상을 변화시키는 삶을 살기로 결정하는 것입니다. 예수님을 모신 사람은 믿음으로 살다가 어려움을 겪어도 모든 어려움 뒤에 '그럼에도 불구하고'의 삶이 나옵니다. 예수님을 모시고 사는 사람은 세상이 볼 때는 작은 자여도 하나님이 보실 때는 큰 자입니다. 주님은 그들을 정금같이 보시며, 그리스도의 의로 옷 입은 자로 여기시고, 주님이 통치하는 삶으로 인도하십니다.

　　종교 생활은 나 중심의 신앙생활을 하는 것입니다. '나' 자신에 대한 갈망은 살아 있고 주님을 향한 갈망은 사라진 것입니다. 사랑도 없습니다. 하나님 사랑에 대한 열정도 없습니다. 예수님을 나의 전부가 아니라 그저 나를 위해 존재하시는 분으로 여기고 있기 때문입니다. 혹시 나는 종교 생활을 하고 있지는 않나요?

　　믿음으로 세상을 산다는 것은 반드시 시련을 통과해야 한다는 것을 의미합니다. 이 세상에는 하나님의 말씀에 순복하지 않는 영역이 너무 많기 때문입니다. 혹시 이러한 시련이 두려워서 현실에 안주하고 있지는 않나요? 지금이 편하고 안락하기 때문에 믿음으로 사는 삶을 내려놓고 세상 사람들이 사는 대로 그대로 따라 살고 있지는 않나요? 혹시 나의 삶이 지금 주님을 떠나 있지는 않나요? 혹시 주님이 지금 내 마음의 문을 두드리고 계시지는 않나요? 지금 마음의 문을 활짝 열고 내 삶의 모든 영역을 다스리시도록 기도하지 않겠습니까? 그때 우리의 예배와 신앙은 날마다 새로워질 것입니다.

　　주님, 오늘 내 눈을 열어 주옵소서. 영적으로 벌거벗은 수치와 가난하고 곤고한 것을 보게 해주옵소서. 주님, 돈만 보고 세상만 보고 세상 사람처럼 똑같이 살아왔습니다. 오늘 나의 죄를 고백하며 주님께 내 마음의 문을 엽니다. 주님, 지금 내게 오셔서 나를 다스려 주옵소서. 나의 믿음을 살려 주옵소서. 나의 기도가 다시 터지게 하옵소서. 주님을 갈망하는 마음을, 주님을 향한 열정을 회복시켜 주옵소서. 믿음으로 사는 삶에 고난이 있을지라도 믿음으로 그 고난을 통과해 주님 보시기에 정금과 같은 믿음을 가진 자가 되게 하옵소서. 나의 삶이 사방으로 욱여쌈을 당해도 예수님이 계시면 '그럼에도 불구하고'의 삶이 될 줄로 믿습니다. 주님, 정금같이 그리스도의 의로 옷 입고, 정결한 마음으로 이 세상을 주님과 함께 다스리는 삶을 살게 하옵소서.

◇◇◇◇◇◇

볼지어다 내가 문 밖에 서서 두드리노니

누구든지 내 음성을 듣고 문을 열면 내가 그에게로 들어가

그와 더불어 먹고 그는 나와 더불어 먹으리라

계 3:20

제1장

에베소 교회:
사랑 위에 세워지는 교회
The First Love

에베소 교회는 수고와 인내로 진리를 사수했지만, 십자가의 깃발(처음 사랑)을 놓쳐 버렸습니다. 예수님 안에 있는 작은 촛불을 되찾는 것을 처음 사랑을 회복하는 것으로 표현했습니다. 우리의 처음 사랑은 예수님 안에서 자라 그분의 심장에 간직되어 있습니다. 예수님은 처음 사랑을 잊지 못해 디베랴 호수에 찾아와 베드로에게 물고기를 구워 주셨습니다. 작은 물고기가 보입니다. 예루살렘 입성 때 흔들던 종려나무 가지가 예수님의 옷에 하나의 기억으로 남아 있습니다. 처음 사랑의 깃발을 놓쳐 버린 성도들의 마음은 지치고 부정적인 생각으로 채워집니다. 처음 사랑의 회복을 위해 기억하고 실행해야 할 일을 윗부분에 작은 아이콘처럼 그려진 그림에 담았습니다. 예수님을 처음 만난 어부 제자들의 모습, 십자가 앞에서 회개하는 제자들. 그 제자들은 결국 말씀대로 살아 성경의 일부가 되었습니다.

우상 숭배의 상징인 황소는 에베소에 있던 아데미 신전을 등에 업고 성도들을 공격하고 있으며, 로마나 알렉산드리아처럼 크고 화려한 문화를 자랑하던 황소 같은 도시 에베소의 몸에는 도시 문화를 장악한 실체인 뱀이 그려져 있습니다. 일곱 교회 안에는 파도 같고 바람 같은 배경이 있는데, 이것은 역사를 주관하시는 성령님입니다. 성령의 바람을 따라 교회들의 이야기가 진행되고, 많은 음표는 계시록에 등장하는 찬양입니다. 이기는 자에게 약속하신 생명나무의 열매가 보이고, 그 나무 뒤로 지혜를 상징하는 말씀의 두루마리가 펼쳐져 있으며, 사람의 실루엣을 한 작은 나무의 열매가 보입니다.

제2장

서머나 교회:
끝까지 충성하는 교회

Loyalty

죽기까지 충성함으로 승리하는 서머나 교회입니다. 아래쪽에는 십자가에서 죽었다가 위쪽 무덤이 열리며 살아나신 이의 모습이 표현되어 있습니다. 폴리캅의 순교를 묘사했으며, 비록 몸은 죽었으나 그리스도의 공로로 두 번째 사망의 권세가 해하지 못하고 생명의 면류관을 주시며 사망에 이르지 않는 축복 주시는 것을 그렸습니다. 몸은 죽어 가지만 성령이 자유롭게 하셔서 영혼은 새처럼 자유로운 모습입니다.

자칭 유대인의 모습을 한 자들이 사탄의 모습인 뱀과 한 덩어리가 되어 성도를 향해 첫 번째 사망의 불꽃으로 공격합니다. 성도들은 지하에 갇혀 격리된 채 환난과 궁핍 가운데 살아가지만 그 좁은 길에서 빛을 붙잡으며 믿음을 증명하고자 합니다. 또한 말씀을 열어 작은 믿음이 자라는 기회가 주어지는데, 성령 안에서 함께 애쓰고 수고하면서 충성의 모습을 만들어 나갑니다. 함께 모여 부서진 십자가의 조각인 예수의 몸을 먹고 가시에 찔려 흐르는 피를 마시며, 오병이어의 공급을 함께 경험하면서 충성의 삶을 살아가는 성도들을 그렸습니다.

제3장

버가모 교회:
말씀의 검을 가진 교회

Truth

버가모의 제우스 신전, 치유의 신 아스클레피오스의 신전, 지식의 탑인 도서관 건물이 있습니다. 도시 전체가 거대한 세상 문화에 잠식된 짐승의 모습을 하고 있습니다. 한쪽에 좌우의 날 선 검을 가지신 이의 모습과 진리인 말씀의 검이 보입니다. 버가모는 치열한 영적 전쟁을 치르는 도시이기에 세상 문화와 싸울 말씀의 검이 필요합니다. 발람의 교훈을 따르는 자들이 사슬에 묶여 있고, 성적 부도덕함과 타락을 가르치는 발람의 넓은 고속도로가 보입니다. 발람의 당나귀도 세상길이 아닌 성경의 길 위에 서 있는데, 버가모 성도들은 넓은 길에 서서 누구를 바라보며 서 있는 것일까요? 진리를 따르는 자들에게는 말씀을 열어 약속의 땅으로 가는 길에 주신 만나인 생명의 떡, 예수님 자신을 주십니다. 이 만나의 식탁은 넓은 길에 깔린 발람의 집, 재산, 가축 등 발람의 식탁과 대조를 이룹니다. 이기는 자에게는 만나와 흰 돌 위에 새 이름을 주십니다. 이를 구약의 열두 지파 이름을 제사장 옷에 붙은 보석 돌에 새겨 넣으시듯 흰 돌에 이름을 새겨 넣어 주시는 모습으로 표현했습니다.

제4장

두아디라 교회:
세상에서 본이 되는 교회
Integrity

주님은 불꽃 같은 눈으로 나봇의 포도원을 갈취한 이세벨을 심판하시며, 긍휼의 눈으로 실족한 베드로를 바라보십니다. 세상과의 절충을 상징하는 이세벨과 대조를 이룬 어린양의 보혈에 옷을 빨아 입은 성도들은 거룩함으로 승리하게 되며, 주님은 커다란 새벽 별을 주십니다. 다시 회개하고 돌아온 베드로 같은 성도들에게 만국을 다스리는 권세를 주십니다. 세상의 방법이 아닌 복음과 말씀의 권세로 조각배 같은 성도를 세상의 커다란 배와 사람을 낚는 어부가 되게 하십니다. 말씀으로 사람과 배를 낚아서 복음의 문으로 인도하는 베드로(성도)를 묘사했으며, 예수님의 빛난 주석과 같은 발은 요동치지 않음을 나타내기 위해 십자가 언약의 말씀 위에 박혀 있는 모습으로 묘사했습니다. 당시 무역 항로와 상업 길드들의 중심지였던 두아디라를 표현하기 위해 배들을 그려 넣었습니다.

제5장

사데 교회:
생명을 붙드는 교회
Vitality

예수님의 부활로 죄의 잠을 자던 교회가 깨어 일어나며 새로운 생명이 자라게 됩니다. 예수님의 손에 큰 못 구멍이 보이는데, 그 구멍은 사망의 문이 열려 부활의 생명이 일어나는 모습으로 묘사했습니다. 새 생명을 받은 자는 보혈로 씻겨 흰 옷을 입었고, 생명책에 이름을 기록한 것은 우리 이름을 예수님의 손에 못으로 새겨 넣은 것으로 절대 지울 수 없습니다. 여기에는 여러 명의 '나'가 등장합니다. 죄와 죽음의 잠을 자는 나, 죽은 돌 형상으로 살아 있는 척하며 서 있는 나, 그 돌을 예수님 말씀을 듣고 치우는 나, 부활 생명으로 예수님이 들어 올린 나. 예수님의 다섯 손가락에 그려진 그림은 위기의 사데 교회에 대한 다섯 가지 부탁입니다. 기상나팔 소리를 듣고 잠에서 깨어라, 굳건하게 하라, 생각하라, 지키라, 회개하라는 부탁입니다. 이 다섯 개 동사는 예수님의 못 자국 난 손으로 이어집니다. 예수님 안에 거하는 삶과 생명력은 하나님의 일곱 영이신 성령으로 얻을 수 있으며, 비둘기 같은 성령이 생명의 잎사귀를 입에 물고 온 세상의 성도들에게 전달합니다. 일곱 교회의 사자인 일곱 별 또한 성령으로 깨어나 생명력이 충만한 모습으로 회복됩니다.

제6장

빌라델비아 교회:
열린 문을 주신 교회
Evangelism

예수님이 가지신 다윗의 열쇠는 온 세상을 뒤흔드는 지진만큼 큰 저주와 진노의 파동으로 십자가에서 몸이 폭발하듯 부서진 주님으로 말미암아 우리에게 주어집니다. 구원의 문을 여는 단 하나의 열쇠는 지진으로 무너지는 세상과 달리 절대로 무너지지 않는 하늘의 권세를 상징합니다. 빌라델비아 교회 성도들은 작은 능력을 가지고서도 믿음을 지키며 주님을 의지하고 살아갑니다. 그들은 독수리 날개 깃 안에 거하는 그림처럼 주님의 보호 아래 있습니다. 그래서 다시는 지진을 피해 도망가지 않아도 되는 축복을 누리게 됩니다. 바로 구원의 확신과 안전 보장입니다. 빌라델비아 성도는 세상 신전의 기둥이 아니라 주님과 하나 되어 십자가의 은혜를 세워 가는 교회의 기둥이 됩니다. 붉은 오선지는 예수의 피를 힘입어 하나님의 지성소로 나아가는 성도들의 보혈 찬양입니다. 구원의 문으로 들어오고, 전도지처럼 말씀이 되어 전도의 문으로 나가서 온 세상으로 날아가는 성도들을 표현하고 있습니다.

삽화 설명

제7장

라오디게아 교회:
예수님이 주인 되신 교회
Lordship

예수님의 보좌 주위로 해, 별, 식물, 네 생물, 구름과 같은 무수한 증인이 있습니다. 이 모든 것을 만드신 창조의 근본인 예수님이 보좌에 앉아 계십니다. 그분이야말로 성경 말씀에 나타난 사랑을 아멘(하트)으로 실천하신 분이며, 아버지 앞에 충성(십계명 돌판)하셨고, 결국 스스로 말씀이 육신이 되신 완벽한 복음의 증거(성경책)이십니다. 성도들이 자신의 주권인 면류관을 드릴 때 주님은 성도들을 보좌에 함께 앉게 하십니다. 주님은 성도들에게 세상 돈으로 살 수 없는 금과 흰 옷과 안약을 사라고 하십니다. 그것을 사는 방법은 자신이 의지하고 붙잡고 있는 것을 내려놓으며 주권을 주께 드려야 합니다. 안약을 발라 눈이 열릴 때 우리는 영적으로 벌거벗고 미지근한 물의 끝에서 추락하는 수치와 곤고한 모습을 보게 됩니다. 말씀을 품고 믿음으로 고난을 통과할 때 정금 같은 가위를 지니게 되어 자신을 욱여싸고 얽어매는 옛 자아와 죄들을 끊어 내고, 그리스도의 보혈로 의의 옷인 흰 옷을 입어 주님과 함께 보좌에 앉아 다스리는 삶을 살게 됩니다.

─주

프롤로그 ────────────

1 마이클 고먼, 요한계시록 바르게 읽기, 새물결플러스, 2014, 28.

2 유진 피터슨, 묵시: 현실을 새롭게 하는 영성, IVP, 2002, 11-12.

서문 ────────────

3 대럴 존슨, *Discipleship on the Edge*, Regent College Publishing, 2004, 64 참조.

제1장 ────────────

4 대럴 존슨, *Discipleship on the Edge*, Regent College Publishing, 2004, 53.

5 대럴 존슨, 53.

6 대럴 존슨, 54.

7 대럴 존슨, 53.

8 대럴 존슨, 54-55.

9 대럴 존슨, 55.

10 윌리엄 바클레이,《현대 교회에 보내는 사도 요한의 편지》, 엠마오서적, 1986, 19.

11 윌리엄 바클레이, 19 참고; 대럴 존슨, 55 참고.

12 존 스토트,《예수님이 이끄시는 교회》, 두란노, 2004, 19-23.

13 대럴 존슨, 61; 존 스토트, 24-26.

14 레이 C. 스테드먼, *God's Final Word: Understanding Revelation*, Discovery House Publishers, 1991, 31.

15 레이 C. 스테드먼, 31(저자 번역 및 요약).

제2장 ────────────

16 대럴 존슨, *Discipleship on the Edge*, 2004, Regent College Publishing, 72.

17 윌리엄 바클레이,《현대 교회에 보내는 사도 요한의 편지》, 엠마오서적, 1986, 26-27; 대럴 존슨, 65.

18 대럴 존슨, 64.

19 윌리엄 바클레이, 27.

20 윌리엄 바클레이, 27.

21 윌리엄 바클레이, 27.

22 대럴 존슨, 65.

23 대럴 존슨, 63.

24 존 스토트,《예수님이 이끄시는 교회》, 두란노, 2004, 34.

25 존 스토트, 34.

26 존 스토트, 34-35.

27 존 스토트, 35.

28 존 스토트, 35.

29 대럴 존슨, 64-65.

30 존 스토트, 41.

31 존 스토트, 40-42 참고.

32 대럴 존슨, 72.

33 대럴 존슨, 72.

34 대럴 존슨, 72.

제3장 ────────────

35 대럴 존슨, *Discipleship on the Edge*, Regent College Publishing, 2004, 78.

36 존 스토트,《예수님이 이끄시는 교회》, 두란노, 2004, 58; 대럴 존슨, 78.

37 윌리엄 바클레이,《현대 교회에 보내는 사도 요한의 편지》, 엠마오서적, 1986, 41.

38 대릴 존슨, 76-78 참고.
39 대릴 존슨, 75-76.
40 윌리엄 바클레이, 43.
41 대릴 존슨, 78-79; 윌리엄 바클레이, 44.
42 윌리엄 바클레이, 42-44; 대릴 존슨, 78-79.
43 대릴 존슨, 80.
44 대릴 존슨, 80.
45 대릴 존슨, 83.
46 대릴 존슨, 83.
47 대릴 존슨, 83.
48 대릴 존슨, 85.
49 존 스토트, 62, 69.
50 존 스토트, 62-63.
51 필 무어, *Straight to the Heart of Moses*, Monarch Books, 2011, 205-207; 레이먼드 E. 브라운, *The Message of Numbers: The Bible Speaks Today*, IVP, 2002, 208, 참고.
52 레이 C. 스테드먼, *God's Final Word: Understanding Revelation*, Discovery House Publishers, 1991, 51; 대릴 존슨, 86.
53 레이 C. 스테드먼, 51-52.

제4장 ────────

54 윌리엄 바클레이, 《현대 교회에 보내는 사도 요한의 편지》, 엠마오서적, 1986, 56.
55 윌리엄 바클레이, 56; 존 스토트, 《예수님이 이끄시는 교회》, 두란노, 2004, 83; 대릴 존슨, *Discipleship on the Edge*, Regent College Publishing, 2004, 88.
56 윌리엄 바클레이, 56.
57 윌리엄 바클레이, 56-57.
58 윌리엄 바클레이, 59; 대릴 존슨, 88.
59 윌리엄 바클레이, 59.
60 레이 C. 스테드먼, *God's Final Word: Understanding Revelation*, Discovery House Publishers, 1991, 54; 존 스토트, 93.
61 존 스토트, 94 참고.

62 레이 C. 스테드먼, 54; 대릴 존슨, 93.
63 존 스토트, 84.
64 존 스토트, 84.
65 존 스토트, 86.
66 대릴 존슨, 91(저자 번역).
67 대릴 존슨, 89 참고.
68 대릴 존슨, 89(저자 번역)
69 스티븐 J. 로슨, *FinalCall*, Crossway Books, 1994, 131.
70 스티븐 J. 로슨, 131: "There are no absolutes today. The only absolute is that there are no absolutes. We tolerate everything except intolerance. An openness embraces almost anything morally, politically, or educationally."
71 스티븐 J. 로슨, 132.
72 대릴 존슨, 92 참고.
73 존 스토트, 104.
74 윌리엄 바클레이, 59.
75 윌리엄 바클레이, 59-60.
76 윌리엄 바클레이, 60.

제5장 ────────

77 윌리엄 바클레이, 《현대 교회에 보내는 사도 요한의 편지》, 엠마오서적, 1986, 68-69.
78 윌리엄 바클레이, 69.
79 윌리엄 바클레이, 69.
80 윌리엄 바클레이, 69-70; 대릴 존슨, *Discipleship on the Edge*, Regent College Publishing, 2004, 100.
81 윌리엄 바클레이, 72.
82 레이 C. 스테드먼, *God's Final Word: Understanding Revelation*, Discovery House Publishers, 1991, 68.
83 레이 C. 스테드먼, 68.
84 존 스토트, 《예수님이 이끄시는 교회》, 두란노, 2004, 109.
85 존 스토트, 109.
86 대릴 존슨, 97-98.
87 윌리엄 바클레이. 72.

88 대럴 존슨, 100.
89 대럴 존슨, 100.
90 대럴 존슨, 99.
91 대럴 존슨, 99(저자 번역).
92 대럴 존슨, 99-100.
93 대럴 존슨, 100.
94 대럴 존슨, 100.
95 존 스토트, 122, 123(스위트의 견해).
96 존 스토트, 123.
97 윌리엄 바클레이, 78-79; 존 스토트, 126.

제6장

98 레이 C. 스테드먼, *God's Final Word: Understanding Revelation*, Discovery House Publishers, 1991, 79.
99 윌리엄 바클레이, 《현대 교회에 보내는 사도 요한의 편지》, 엠마오서적, 1986, 80-81.
100 존 스토트, 《예수님이 이끄시는 교회》, 두란노, 2004, 132.
101 존 스토트, 132.
102 윌리엄 바클레이, 83.
103 레이 C. 스테드먼, 82.
104 레이 C. 스테드먼, 82.
105 필 무어, *Straight to the Heart of Revelation*, Monarch Books, 2010, 45-46.
106 필 무어, 44(번역 및 요약본).
107 대럴 존슨, *Discipleship on the Edge*, Regent College Publishing, 2004, 109 참고.
108 윌리엄 바클레이, 83.
109 대럴 존슨, 108.
110 R.H. 찰스, *A critical and exegetical commentary on the Revelation of St John* (Vol. 1), Edinburgh: T&T Clark International, 1920, 91.
111 로버트 H. 마운스, *The Book of Revelation*, Wm. B. Eerdmans Publishing, 1997, 105.
112 대럴 존슨, 112.
113 존 스토트, 145-146.
114 존 스토트, 146.
115 존 스토트, 150.
116 존 스토트, 151.
117 존 스토트, 151.
118 존 스토트, 151.
119 존 스토트, 146.
120 존 스토트, 153.

제7장

121 윌리엄 바클레이, 《현대 교회에 보내는 사도 요한의 편지》, 엠마오서적, 1986, 92.
122 윌리엄 바클레이. 95-96.
123 대럴 존슨, *Discipleship on the Edge*, Regent College Publishing, 2004, 118-119.
124 대럴 존슨, 118-119.
125 대럴 존슨, 114 참고.
126 레이 C. 스테드먼, *God's Final Word: Understanding Revelation*, Discovery House Publishers, 1991, 103.
127 대럴 존슨, 114.
128 대럴 존슨, 116.
129 대럴 존슨, 116.
130 레이 C. 스테드먼, 98.
131 대럴 존슨, 119.
132 대럴 존슨, 122 참고.